Pocket Power

Christian Malorny
Marc Alexander Langner

Moderationstechniken

Werkzeuge für die Teamarbeit

2. Auflage

HANSER

Inhalt

1 Einleitung

1.1 Probleme durch Teamarbeit systematisch lösen

Längst wird Teamarbeit im kontinuierlichen Verbesserungsprozess (KVP) von zahlreichen Unternehmen praktiziert. Doch die Erfahrungen sind zwiespältig: Während die einen Teams zu immer neuen Spitzenleistungen gelangen, sind andere Unternehmen von den Ergebnissen enttäuscht. Fast immer ist der Grund in einer unzureichenden Moderation der Teams zu sehen, denn ohne Hilfestellung ist ein strukturiertes, zielgerichtetes Vorgehen der Teammitglieder kaum möglich.

Deshalb werden für erfahrene Moderatoren, Führungskräfte und Mitarbeiter, die in Teams arbeiten, ebenso wie für den Neuling die Grundzüge der Teamarbeit und des Moderierens umrissen und zahlreiche Techniken für unterschiedliche Aufgabenbereiche im Problemlösungsprozess erläutert. Im Sinne eines Werkzeugkastens bietet die systematische Darstellung die heute verfügbaren Techniken zur Problemlösung in Teams an.

1.2 Aufbau des Buches

Der erste Teil erläutert verschiedene Grundlagen zur Teamarbeit und Moderation von Teams. Darauf aufbauend werden die einzelnen Phasen eines strukturierten Problemlösungsprozesses beschrieben. Ergänzt werden die Ausführungen durch die Darstellung zahlreicher hemmender (Klippen, Hürden, Fallen) und fördernder Faktoren (Katalysatoren), wie sie während der Problembearbeitung in Teams auftauchen können.

Der zweite Teil beschäftigt sich mit den praktischen Techniken für Moderation und Problemlösung. Im Sinne eines Werkzeugkastens werden die einzelnen Techniken hinsichtlich ihrer Zielrichtung systematisiert und ihre Vorgehensweise beschrieben. Die Vorstellung der Moderations- und Problemlösungstechniken erfolgt dabei anwendungsorientiert: Jede Technik wird durch die Unterpunkte „Worum geht es?“, „Was bringt es?“ und „Wie gehe ich vor?“ erklärt. Auf eine betont kurz gefasste Erläuterung wurde geachtet. Damit kann sich der Anwender, entsprechend seiner Aufgabenstellung, sowohl Techniken für einen ganzheitlichen Lösungsprozess im Team zusammenstellen als auch einzelne Methoden zielgerichtet, z. B. zur individuellen Problemlösung, suchen. Ergänzend werden Hinweise gegeben, auf welche Faktoren bei Einsatz der Techniken besonders geachtet werden sollte. Der Pocket Power schließt mit einer Übersicht über die aktuelle Literatur zum Thema.

 Tipps

 Hürden und Stolpersteine

 Stärken

 Schwächen

2 Grundlagen zur Teamarbeit, Moderation und Problemlösung

2.1 Moderierte Teamarbeit – Denken im Dialog

Im unternehmerischen Alltag spielt das Zusammenarbeiten im Team eine entscheidende Rolle, um Probleme systematisch und nachhaltig zu lösen – besonders im Rahmen des Total Quality Management (siehe Pocket Power „Total Quality Management"). Es ist wichtig, dass Teamsitzungen in einer offenen, kreativen Atmosphäre ablaufen, welche die Teilnehmer zu neuen Ideen und Lösungsvorschlägen anregt. Diese Sitzungen bedürfen eines Moderators, der den Prozess der Problemanalyse und Lösungsfindung fördert und auf die Bedürfnisse der Teilnehmer abstimmt. Im Folgenden werden wesentliche Aspekte der Teamarbeit näher beleuchtet.

2.2 Die (Denk-)Werkstatt als Orientierung

Im Unterschied zur strikten Arbeitsteilung, z. B. eines Fließbandes, werden in einer Werkstatt die Arbeitsinhalte meistens ganzheitlich ausgeführt. Einzelfertigung ist dabei die prägende Arbeitsweise. So auch bei Problemlösungsteams. Sie können nicht schematisch „wie am Fließband" arbeiten, wenn sie nicht ihres wichtigsten Erfolgsfaktors – der Kreativität – beraubt werden sollen. Wissen und Können bleiben dabei in einer Werkstatt Grundvoraussetzung. Die Werkstatt wird so zum Synonym für:

- die grundsätzliche Geisteshaltung im Sinne der Teamarbeit

- den methodischen Ansatz für Teams zur Problembewältigung
- die Bereitstellung von technischen und organisatorischen Hilfsmitteln sowie des Raumes

Die hierarchische Organisation eines Unternehmens bleibt dabei zunächst unangetastet. Weiterhin werden Entscheidungen letztlich weiterhin von einem jeweils verantwortlichen Funktionsträger getroffen. Aber: Die Entscheidungsbasis wird durch die Teamarbeit erweitert, und vor allem die Konsensfähigkeit der Entscheidungen wird erheblich erhöht.

2.3 Der Moderator

Funktion

Dem Moderator kommt eine zentrale Funktion in einem Team zu. Die Moderation dient in erster Linie zur Verbesserung der zwischenmenschlichen Kommunikation. Dennoch darf die Moderation selbst keinen Einfluss auf die inhaltliche Entwicklung eines Gespräches oder einer Diskussion zwischen den Teammitgliedern nehmen. Ein Moderator „coacht" die Teilnehmer und den Kommunikationsprozess. Er sollte sich als Dienstleister verstehen und eine Art „Hebammenfunktion" für neue Ideen entwickeln. Die Richtung der Ideenfindung wird freilich immer von den Teilnehmern bestimmt. Genau in diesem Spannungsfeld zwischen methodischem Steuern und absoluter Neutralität liegt die „Kunst einer guten Moderation". Diese Aufgabe kann er stets nur mit der Gruppe ausfüllen, nie gegen sie. Somit kommt der Akzeptanz eines Moderators eine entscheidende Rolle zu.

Diese setzt sich im Wesentlichen aus zwei Faktoren zusammen:

- aus der *methodischen Kompetenz*, die das Beherrschen der einzelnen Techniken beinhaltet;
- zum anderen aus der *sozialen Kompetenz*, die zur Regelung des Beziehungsgeflechts innerhalb einer Gruppe notwendig ist.

Das beliebteste Feindbild eines Teams ist der Moderator – vor allem, wenn die Teilnehmer unsicher bezüglich Veränderungen sind oder ihnen der zu erwartende Ausgang der aktuellen Diskussion unbehaglich erscheint.

Persönliche Voraussetzungen

Wichtige persönliche Eigenschaften eines Moderators sind menschliche Wärme und Toleranz. Er sollte unbedingt eine positive Grundeinstellung gegenüber Menschen besitzen. Seine Haltung ist dabei für die Einstellung der Teilnehmer bedeutsam. Was er mit seiner Körperhaltung, Sprachmelodie, Gestik und Mimik vermittelt, überträgt sich unbewusst auf die Teamteilnehmer. Er muss eine neutrale Rolle übernehmen und sollte nicht danach trachten, ein bestimmtes, womöglich von anderen gewünschtes Ergebnis erzielen zu wollen; stattdessen muss er den Leistungsdruck zu mindern versuchen. Er nimmt jede Meinung an, wie sie geäußert wird. Wenn der Prozess in der Gruppe sehr turbulent und anstrengend wird, hilft ihm das unbedingte Vertrauen in die Leistungskraft des Teams.

2.4 Die Teammitglieder

Persönlichkeiten

Menschen lassen sich durch acht grundsätzliche Kategorien charakterisieren, die sich jeweils durch verschiedene Kommunikationsmuster auszeichnen. Der Moderator sollte dies bei der Moderation eines Teams berücksichtigen. Zu den Kategorien gehören:

1. der *positiv eingestellte Teilnehmer*
2. der *Redselige*
3. der *Dickfellige*
4. der *Streitsüchtige*
5. der *Alleswisser*
6. der *Ablehnende*
7. der *Erhabene*
8. der *Ausfragende*

Während der Moderator den *Positiven* zur konstruktiven Mitarbeit anregen sollte, muss der *Redselige* bei Bedarf geschickt in seinem Redefluss unterbrochen werden. Während der *Dickfellige* zur Teilnahme an der Diskussion durch provokante Fragen animiert werden muss, darf dem *Streitsüchtigen* nicht der Raum für Kleinkriege gelassen werden. Der *Alleswisser* sollte daran gehindert werden, anderen das Wort zu nehmen, und der *Ablehnende* sollte zu positiven und konstruktiven Ideen angeregt werden. Der *Erhabene* muss sich Gedanken über die aktuellen Probleme machen, und der *Ausfragende* soll auch selbst Farbe bekennen und eigene Meinungen äußern.

Ängste

Menschen arbeiten zwar offiziell „kopfgesteuert", also „rational", in der Realität, und hier besonders in der Zusammenarbeit mit anderen Menschen in einem Team, spielt aber die emotionale Ebene eine sehr wichtige Rolle. Das muss ein Moderator berücksichtigen. Das Arbeiten mit der Zukunft, dem Neuen, Unbekannten erzeugt bei fast allen Menschen Ängste. Hier kann unterschieden werden zwischen:

- der Angst vor der Selbsthingabe, die als Ich-Verlust und Abhängigkeit erlebt wird,
- der Angst vor der Selbstwerdung, die als Mangel an Geborgenheit und als Isolierung empfunden wird,
- der Angst vor dem Wandel und dem Neuen, da es die Vergänglichkeit zeigt und Unsicherheit hervorruft, und
- der Angst vor der Notwendigkeit und der Endgültigkeit, weil sie als Unfreiheit empfunden wird.

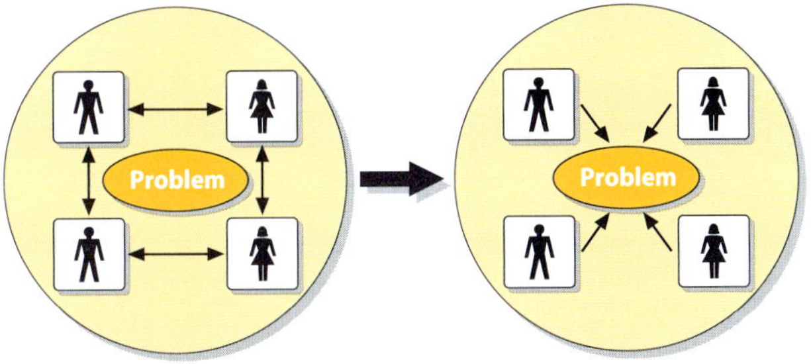

Bild 1: *Status- versus problemorientiertes Gespräch*

Quelle: Linneweh, K.: Kreatives Denken, Rheinzabern 1984.

Ängste können Menschen lähmen, aber auch aktivieren. Die Aufgabe eines Moderators ist es, diese Ängste zu erkennen, abzubauen und/oder zu nutzen.

Aus den Ängsten resultiert besonders zu Beginn der Teamarbeit eine statusorientierte Kommunikation. Die Aufgabe eines Moderators ist es, diese Statusorientierung abzubauen und dafür eine problemorientierte Offenheit zu fördern (Bild 1).

Die Kommunikationsforscherin Ruth Cohn stellte fest, dass es sich in einer Diskussion nie nur um das Sachthema „ES" dreht, sondern vielmehr auch der Einzelne – „ICH" – und die Gruppe – „WIR" – beachtet werden müssen, um erfolgreiche Teamsitzungen abzuhalten (Bild 2). Daraus resultiert, dass der Moderator während der Sitzung das Gespräch je nach Lage auf die drei Bereiche ICH, WIR oder ES lenken sollte.

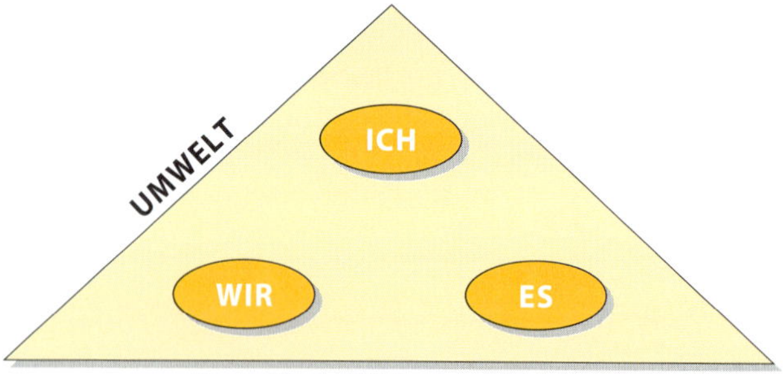

Das Problem („ES") ist nur ein Teil der Gruppenkommunikation

Bild 2: *Gesichtspunkte bei der Teamarbeit*

Quelle: Cohn, R. C.: Von der Psychoanalyse zur themenzentrierten Interaktion, 12. Auflage, 1994.

Zwei Hauptregeln gelten für Teamsitzungen als förderlich:

- Sei dein eigener „Chairman"
- Störungen haben Vorrang

Die erste Regel betont, dass jeder Teilnehmer nur für sich reden und möglichst wenige Verallgemeinerungen machen sollte. Konkret bedeutet das auch, dass man eher als *„ich"* reden soll – nicht mit *„wir"* oder *„man"*. In den Redeformeln versteckt sich der Redner. Mit der Ich-Formel übernimmt er Verantwortung für seine Aussage – die Aussage gewinnt an Authentizität. Störungen blockieren den Kommunikationsprozess und behindern die Sitzung. Eine vorrangige Beseitigung der Störungen ist sinnvoll, um eine dauerhafte Beeinträchtigung der Teamarbeit zu verhindern.

Widerstände

Menschen haben eine unterschiedliche Kapazität, sich mit Unbekanntem zu beschäftigen. Ab einem bestimmten Punkt neigt jeder Mensch dazu, sich nicht mehr mit einem Problem oder einer Herausforderung beschäftigen zu wollen. Es werden dann häufig neue Bedürfnisse wie Hunger/Durst entwickelt, um von dem eigentlichen Thema abzulenken. Auf solche Widerstände muss ein Moderator achten.

Projektionen

Menschen teilen andere Personen oder Sachen gefühlsmäßig in verschiedene Gruppen ein. Wie diese Gruppen aussehen, hängt von zahlreichen individuellen Faktoren ab, z. B. der Erziehung, der Ausbildung, dem Umfeld, in dem man aufgewachsen ist bzw. heute lebt, usw. Menschen nehmen die „Realität" mit einem bestimmten Filter wahr und schreiben anderen bestimmte Eigenschaften zu. Dies wird bei Themen wie dem Lösen eines Problems oder der Planung der Zukunft sehr relevant, da die Teilnehmer eines Teams dazu tendieren, sich ihrer Ängste durch Schuldzuschreibungen oder Erwartungshaltungen (z. B. gegenüber dem Moderator) zu entledigen. Die Aufgabe des Moderators ist, möglicherweise kontraproduktive Projektionen zu erkennen und unwirksam zu machen.

Wahrnehmung

Der Moderator muss gut zwischen *wahrnehmen*, *vermuten* und *bewerten* unterscheiden können. Die meisten Missverständnisse und Probleme in der menschlichen Kommunikation entstehen dadurch, dass man die Vermutungen über die Wirklichkeit nicht von der Wahrnehmung selber unterscheidet. Diese Vermutung wird dann meist automatisch zu einer Bewertung.

Um sich der subjektiven Qualität der Wahrnehmung, Vermutung und Bewertung bewusst zu werden, ist es sinnvoll, zu jeder Wahrnehmung drei Vermutungen und anschließend drei mögliche Bewertungen vorzunehmen.

Beispiel: Sie sehen Teilnehmer stumm mit verschränkten Armen sitzen und zum Fenster hinausschauen. Da Sie vermuten, dass diese das Thema ablehnen, bewerten Sie die Situation folgendermaßen: „Ich referiere über ein spannendes Thema – also ärgere ich mich über dieses beleidigende Desinteresse.“ So sollte man nicht vorgehen!

Stattdessen könnten drei Vermutungen lauten:

1. Sie sind müde,
2. sie sind durch die Flut an Informationen überfordert,
3. oder sie sind gelangweilt.

Drei mögliche Bewertungen wären dann:

1. Eine Pause ist fällig,
2. den Teilnehmern muss mehr Zeit zum Verständnis eingeräumt werden,
3. oder ich muss den Vortrag spannender gestalten.

Achten Sie darauf, dass eine Nachricht immer aus vier Teilaspekten besteht: Sachinhalt, Appell, Beziehung und Selbstoffenbarung.

Beispiel: Der Kommentar eines Sitzungsteilnehmers: „Es ist bald Essenszeit!", kann folgendermaßen analysiert werden:

Sachinhalt:	„Bald ist Essenszeit."
Appell:	„Beende endlich die Sitzung!"
Beziehung:	„Du brauchst meine Hilfestellung, um Zeiten einzuhalten."
Selbstoffenbarung:	„Ich habe Hunger."

2.5 Die Teamarbeit

Visualisierung

Die gebräuchlichste Art der Kommunikation ist die Sprache. Mit wachsender Gruppengröße und komplexeren Sachverhalten wird es jedoch für alle Beteiligten zunehmend schwieriger, den Überblick über den bisherigen Verlauf und Erkenntnisstand zu behalten. Die Visualisierung bietet somit eine ideale Ergänzung. Neben die Stimme-Ohr- tritt die Bild-Auge-Beziehung. Die Teilnehmer werden in ihrer Konzentration nicht dadurch eingeschränkt, dass sie sich alle Argumente und Ergebnisse merken müssen, sondern sie können sich voll auf die aktuelle Diskussion einlassen. Erklärungen und Wiederholungen erübrigen sich, da durch die Visualisierung alles dokumentiert wird. Die laufende Diskussion erfährt so eine deutliche Versachlichung.

Im Ergebnis verbessert die Visualisierung die Übersichtlichkeit und dient dabei auch der Erhöhung der Aufnahmekapazität der Teilnehmer. Wesentliches lässt sich leichter von Unwesentlichem trennen. Dies spielt vor allem für die Merkfähigkeit eine große Rolle. Die im Kurzzeitgedächtnis gespeicherten Informationen werden innerhalb von Minuten wieder gelöscht; umso entscheidender wird es also, die wichtigen Informationen in das Langzeitgedächtnis hinüberzuretten (Bild 3).

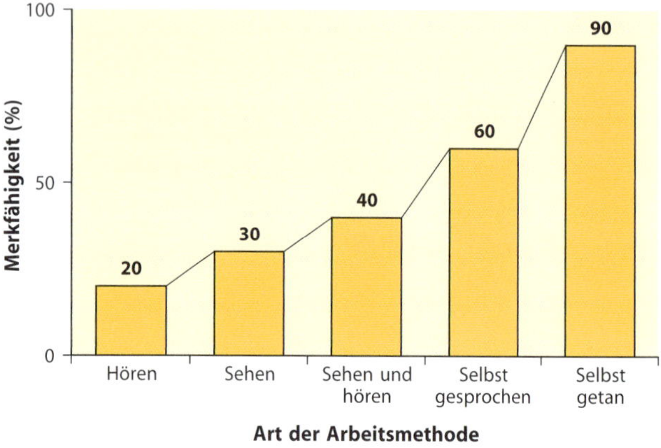

Bild 3: *Merkfähigkeit in Abhängigkeit von der Arbeitsmethode*

Quelle: Donnert, R.: Am Anfang war die Tafel ..., München 1990.

Tipps zur Visualisierung

Im Rahmen der Visualisierung haben sich einige Schreibtechniken als vorteilhaft erwiesen, besonders die nachfolgende:
Für die *Anordnung und Optik* von Tafelbeschriftungen hat sich der Einsatz verschiedener Farben und Formen bewährt. Karten, z.B. aus Karton in verschiedenen Formen – eckig, oval und rund – sowie Farben – Weiß, Grün, Rot und Gelb –, ermöglichen den Aufbau eines übersichtlichen Tafelbildes, das auch der Bedeutung einzelner Punkte durch optische Hervorhebung gerecht werden kann.

Sinnvollerweise sollten zwei *Schriftgrößen* verwendet werden. Beispielsweise können dickere Filzschreiber (Schriftgröße 5 cm) für Überschriften und Betonungen und dünnere Filzschreiber (Schriftgröße 2,5 cm) für einfachen Text eingesetzt werden. Bei normalen Gruppen- und Arbeitsraumgrößen (max. Entfernung zur Tafel 10 m) ermöglicht diese Schriftgröße ein angemessenes und gut lesbares Schriftbild.

Das Auge kann am besten ein *Schriftbild* in Druckbuchstaben erfassen. Die einzelnen Buchstaben sollten eng zusammengeschrieben werden, um einfacher als Wort erkannt werden zu können.

Fragen statt sagen

Jedes gesprochene Wort kann einen maßgeblichen Einfluss auf den Fortgang der Diskussion beinhalten. Dem Moderator fällt die Aufgabe zu, Diskussionen möglichst lange so offen zu gestalten, dass das Problembewusstsein geschärft und die Kreativität bei der Lösungsfindung gefördert wird. Als bewährtes Hilfsmittel dient hierbei die Fragetechnik.

Fragen eröffnen Diskussionen, ohne der Gruppe eine feste Vorgabe für die Lösung zu geben. Die Gruppe kann selbst Antworten finden. Weiterhin geben Fragen dem Einzelnen die Möglichkeit, sein Wissen einzubringen oder es auch zu ergänzen.

Es kommt hierbei sehr auf die Art der Fragestellungen an. Fragen sollten zielorientiert sein, ohne eine Antwort vorzugeben, aber gleichwohl so konkret, dass sie beantwortbar sind. Sie dürfen nicht wertend oder suggestiv sein, um dem Team den Gestaltungsspielraum zu belassen. Und schließlich sollten Fragen Neugier wecken, Probleme zu bewältigen.

Zuhören

Zuhören zu können ist eine der schwierigsten Anforderungen an eine Teamarbeit. Dies gilt sowohl für den Moderator als auch für die Gruppe. Konflikte und Missverständnisse sind vorprogrammiert, wenn die vorgebrachten Argumente schlichtweg überhört und durch Vermutungen und Unterstellungen ersetzt werden.

> Jeder Beitrag eines Teammitglieds muss somit gehört und auf seine Verwendbarkeit geprüft werden; nur so wird ein breiter Meinungsbildungsprozess ermöglicht.

Sekundenregel

„Fasse Dich kurz!" gehört zu den grundlegenden Prinzipien einer Diskussion. Durch diese Regel soll die Gefahr des Monologisierens verhindert werden. Daher soll kein Beitrag die Dauer von 30 Sekunden übersteigen; jeder Teilnehmer kann natürlich mehrfach das Wort ergreifen, wenn er weitere Beiträge in die Diskussion einbringen will.

Butlerregel

Bei einer Teamarbeit können „Denken" und „Helfen" nicht getrennt werden, soll der kreative Gesprächsprozess nicht gestört werden. Somit ist jeder sowohl für Beiträge im Denkprozess als auch für organisatorische Aufgaben zuständig: Jeder ist des Nächsten Butler!

Regeln für Teamsitzungen

Für Sitzungen hat sich die Einhaltung folgender Prinzipien bewährt:

- Beginn der Sitzung:
  - Pünktlich starten
  - Vorstellungsrunde (falls notwendig)
  - Aufgabenverteilung (freiwillig), z. B. Schreiben des Protokolls
  - Tagesordnung klären, Zeitraum abstimmen
  - Zusammenfassung der bisherigen Treffen
- Ende der Sitzung:
  - Aktionsplan aufstellen (wer, was, wann, wie)
  - Abschlussbesprechung mit der Gruppe (Zusammenfassung)
  - Weiteren Zeitplan/nächstes Treffen klären
- Schritte nach der Sitzung:
  - Protokoll erarbeiten und versenden
  - Beschlossenes umsetzen

2.6 Vorgehensweise bei der Problemlösung

Vorbereitung der Teamsitzung und Moderation

Zur Vorbereitung sollte sich der Moderator nicht nur über das Ziel der Teamarbeit, sondern auch über die Zusammensetzung der Gruppe und einige organisatorische Fragen im Klaren sein, um Verzögerungen und Störungen möglichst wenig Raum zu lassen.

Bei der Einführung von Teamarbeit werden regelmäßig Hemmnisse beobachtet, die das Können, Wollen und Dürfen betreffen. Hier sollte der Moderator zusammen mit den entsprechenden Führungskräften *Dürfensbarrieren* (Bild 4) aus dem Weg räumen, *Könnensbarrieren* (Bild 5) beispielsweise durch Schulungen und Training begegnen und *Wollensbarrieren* (Bild 6) in persönlichen Gesprächen mit den Mitarbeitern entgegenwirken.

Mit dem Ziel vor Augen lässt sich der sachliche Ablauf der Teamarbeit und Problemlösung in Teilschritte gliedern und planen – auch zeitlich gesehen. Die wichtigsten Phasen werden im folgenden Abschnitt, „Phasen im Problemlösungsprozess", erklärt. Vorbereitet werden sollten in jedem Fall die in den einzelnen Problemlösungsschritten vorgesehenen Arbeitstechniken, die im Team zur Anwendung kommen können und sollen. Hierunter fällt nicht nur, dass sich der Moderator über deren Funktionsweise im Klaren sein sollte, sondern auch, dass die entsprechenden technischen Hilfsmittel wie Stellwände, Stifte usw. bereitliegen sowie Stellwände und Folien bereits so beschriftet wurden, dass ein Team direkt in ein Thema einsteigen kann.

Hilfreich ist es ferner, sich über das zu moderierende Team Gedanken zu machen. Die Beantwortung der Fragen „Wer? Was? Wo? Wann? Wie viele?" deckt in der Regel diese Problematik recht umfassend ab.

Probleme lassen sich häufig nicht durch einfache Ja-/Nein-Aussagen beantworten. Ebenso wenig ist die isolierte Betrachtung eines Problems sinnvoll. Es ist daher hilfreich, im Vorfeld eines Problemlösungsprozesses zunächst die Rahmenbedingungen zu klären. Die folgenden Fragestellungen sollen den Einstieg in die systematische Problemlösung erleichtern.

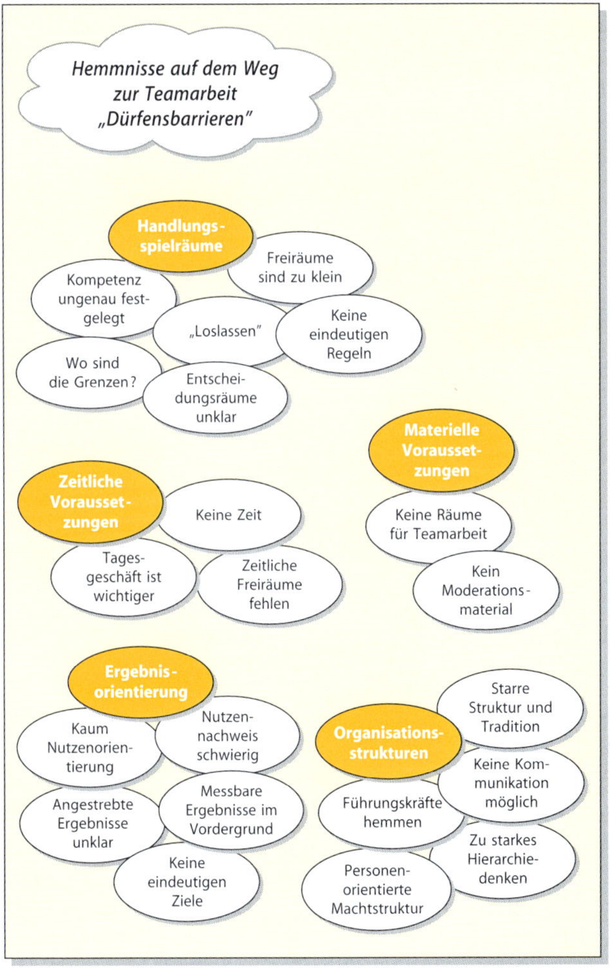

Bild 4: *Dürfensbarrieren in der Teamarbeit*

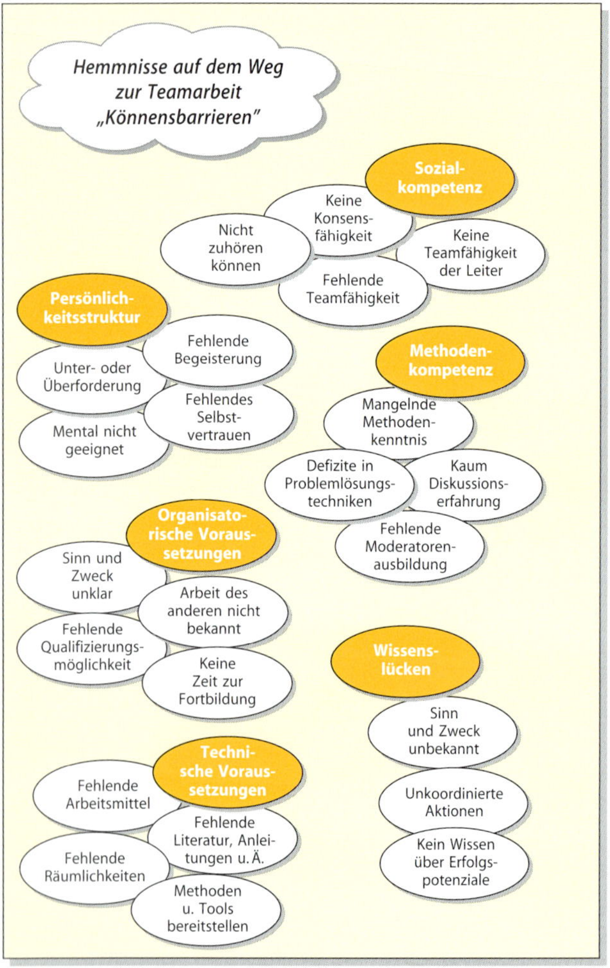

Bild 5: *Könnensbarrieren in der Teamarbeit*

Bild 6: *Wollensbarrieren in der Teamarbeit*

WER? – Interessengruppen, Personen

Probleme sind zumeist personifizierbar. Die Beschreibung des Problems durch denjenigen, der das Problem bzw. die Aufgabe formuliert hat, ist für eine realitätsnahe Problembearbeitung zwingend erforderlich.

WAS? – Problemdefinition

Eine präzise Definition und Eingrenzung des Problems – sowohl sachlich, räumlich wie auch zeitlich – erleichtern die effektive Bearbeitung.

WOFÜR/WOHIN? – Ziele

Die Zielvorstellungen bzw. Interessen bei der Problembewältigung müssen ermittelt werden. Dabei ist es hilfreich zu wissen, für wen (WER) die Ziele relevant sind.

WIE VIEL? – Aufwand für die Analyse

Nach der Definition und Abgrenzung des Problems bzw. der Aufgabe sind Angaben über die Art der Bearbeitung und die notwendige bzw. mögliche Bearbeitungstiefe notwendig.

WOMIT? – Verfügbare Ressourcen für die Problemlösung

Die benötigten Ressourcen müssen mit den vorhandenen bzw. verfügbaren abgeglichen werden. Hieraus kann sich bei einer Unterdeckung die Notwendigkeit einer Korrektur bei der Bearbeitungstiefe ergeben.

WANN? – Termine

Die Erstellung eines Zeitplans ermöglicht einen Überblick über den zeitlichen Handlungsspielraum. Hierbei sollten Anfangs-, Zwischen- und Endtermine festgelegt werden.

WIE? – Planung

WER WAS WANN macht, muss durch eine Planung festgelegt werden. Dabei hat die Planung die Aufgabe, alle mit der Problemstellung verknüpften und wesentlichen Einflussgrößen zu erfassen, zu ordnen und zu analysieren. Die Analyse umfasst dann die Klärung der Beziehungen zwischen einzelnen Einflussgrößen.

Teamsitzungs-Checkliste	
WER kommt? (hierarchische Einordnung, Funktionen, Tätigkeiten)	*Müller, Abt. 112, Entwicklungsing.; Meier, Abt. 13, Fertigungsvorbereitung; Schulze, Abt. 114, Produktion*
WAS soll erreicht werden? (Ziele, Absichten, Interessen)	*Verlagerung eines Fertigungsabschnittes*
WO soll die Sitzung stattfinden? (Ort, Räumlichkeiten)	*Im Teamarbeitsraum „Produktion"*
WANN soll das Meeting stattfinden? (Zeitpunkt)	*6. November, 14.00 Uhr*

Bild 7: *Beispiel-Checkliste für die Planung von Teamsitzungen*

Quelle: Klebert, K.: Moderationsmethode, Grünwald 1980.

Material-Checkliste

Materialart	Empfehlung
Packpapier (125×150 cm für übliche Stellwandgröße), (Anzahl Bögen pro Tag/Teilnehmer)	*3 Bögen*
Karten (10×21 cm) in 4 Farben und Formen (pro Tag/Teilnehmer)	*80 Karten*
Überschriftenstreifen (pro Tag/Teilnehmer)	*2 Streifen*
Filzschreiber schwarz, dick (pro Tag/Teilnehmer)	*1 Stück*
Filzschreiber in 3 Farben, dünn (pro Tag/Teilnehmer)	*0,25 je Farbe*
Klebestift (pro Teilnehmer)	*1 Stück*
Klebepunkte (für Bewertung) in 2 Farben (pro Tag/Teilnehmer)	*50 Klebepunkte*
Stellwände	*12 Stück*
Scheren, Nadeln, Tesa-Krepp	*nach Bedarf*

Bild 8: *Material-Checkliste*

Quelle: Klebert, K.: Moderationsmethode, Grünwald 1980.

Die organisatorische Vorbereitung einer Teamsitzung umfasst letztlich auch das Präparieren des Sitzungsraumes. Die benötigte Technik sollte vorhanden, die Sitzordnung geplant sein, wenn nötig Getränke und

Kekse bereitgestellt werden. Als Sitzordnung für Teams haben sich besonders die u-förmigen Anordnungen bewährt, beispielsweise der Halbkreis. Diese Anordnungsformen unterstützen die Kommunikation, da sich die Teilnehmer einander gegenübersitzen.

Die Diskussion über Rauchverbot, Raucherpausen oder Raucherlaubnis sollte im Team gleich zu Sitzungsbeginn geführt werden.

Phasen im Problemlösungsprozess

Die kontinuierliche Suche nach Ursachen von Problemen ist der Grundgedanke des Problemlösungsprozesses. Der von Deming entwickelte Prozess sieht eine schrittweise Verbesserung vor, die sich in die Aktivitäten Planen (plan), Ausführen (do), Überprüfen (check) und Verbessern (act) untergliedert (Bild 9). Durch ein mehrmaliges Durchlaufen kann das Problem weiter entschärft, Methoden und Maßnahmen können überprüft und Ergebnisse nach jedem Durchlauf standardisiert werden. Der Deming-Ansatz ist der schlichteste Ansatz, der sich – wie hier angeboten – verfeinern lässt.

Plan

1) Problemerkennung
   Das entscheidende Problem ist üblicherweise nicht klar ersichtlich, es verbirgt sich hinter einem Berg weiterer Probleme. Umso wichtiger wird es somit, das „richtige Problem" zu erkennen und zu beheben. Folgende Hinweise sind in dieser Phase hilfreich:

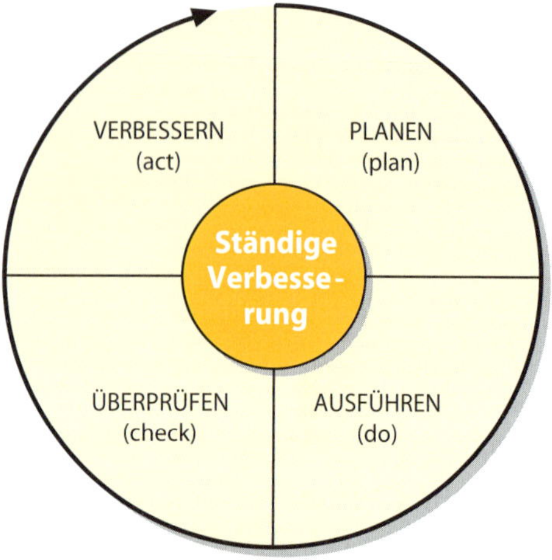

Bild 9: *Zyklus der ständigen Verbesserung*

Einstiegsfragen zur Problemorientierung: Da nicht alle Mitarbeiter über den gleichen Wissensstand bezüglich des Umfanges und der Bedeutung einer Aufgabenstellung verfügen, empfiehlt es sich, zunächst mit einer einfachen Fragerunde zu beginnen.

Methoden der Problemsammlung: In vielen Fällen ist es notwendig, das ganze Spektrum des Problemfeldes zu erfassen. Im Fall von regelmäßigen Treffen müssen die Problemfelder zuerst ermittelt werden. Hierzu bietet sich die *Kartenabfrage* (s. S. 59). Dabei sollten die zu erarbeitenden Fragen weder zu allgemein noch zu umfassend gestellt werden.

Themenspeicher: Im nächsten Schritt wird ein Themenspeicher erstellt, um sicherzugehen, dass im Laufe der Bearbeitung keine Frage-/Problemstellung in Vergessenheit gerät.

Gewichtung: Bei einer größeren Anzahl von Themen und keiner vorgegebenen Bearbeitungsreihenfolge ist es sinnvoll, eine Gewichtung der einzelnen Fragestellungen vorzunehmen. Hierzu ist beispielsweise die *Punktbewertungsmethode* (s. S. 105) geeignet. Das Thema mit der größten Bedeutung wird dann als erstes aus dem Themenspeicher zur Bearbeitung ausgewählt.

2) Situationsanalyse/Daten sammeln

Die Situations- bzw. Istanalyse bildet die Basis des Problemlösungsprozesses. In dieser Phase werden systematisch Informationen und Daten über die dem Problem zu Grunde liegende Situation gesammelt.

Zunächst wird das Problemfeld gegenüber seinem Umfeld abgegrenzt. Umfeldfaktoren, die einen direkten oder indirekten Einfluss ausüben bzw. selbst beeinflusst werden können, müssen bestimmt werden. Ergebnis ist eine vereinfachte, modellhafte Darstellung des Umfeldes. Der Festlegung der Betrachtungsgrenzen muss insofern große Bedeutung beigemessen werden, als hierdurch die grundsätzlichen Lösungsmöglichkeiten eingeschränkt werden.

3) Zieldefinition

Sinn der Zieldefinition ist die Erstellung eines formalen Ziels. Ein solches Ziel besteht meistens aus verschiedenen Unterzielen der beteiligten bzw. betroffenen Personen. Die einzelnen Unterziele dienen der präzisen inhaltlichen

Darstellung dessen, was aus Sicht des Einzelnen erreicht werden soll; anders formuliert werden in dieser Phase die Sollvorgaben ermittelt.

Do

4) Problemanalyse und -ursachenfindung
Die meisten Probleme müssen – um beherrschbar zu werden – zunächst strukturiert werden. Dabei sollen Strukturen, Zusammenhänge und/oder Gesetzmäßigkeiten erkannt und definiert werden. Sodann müssen die Problemursachen ermittelt, geordnet und bewertet werden.

Der Zusammenhang bei komplexen Problemstellungen droht mit der Zeit unübersichtlich zu werden. Umso wichtiger ist es somit, den aktuellen Stand der Diskussion – sowohl bezüglich ihrer Tiefe als auch ihres Umfanges – transparent werden zu lassen.

Problemlandschaften: Die Bildung von Problemlandschaften ermöglicht dem Team, eine visualisierte Darstellung des Bearbeitungsstandes anzufertigen. Beispielsweise können in einem *Ursache-Wirkungs-Diagramm* (s. S. 69) die einzelnen, bisher erarbeiteten Plakate, Charts oder Folien systematisiert werden. Um die Übersichtlichkeit zu gewährleisten, kann man hierfür die Unterlagen so aufbereiten, dass die wesentlichen Ergebnisse und Bearbeitungsschritte auf Karten übertragen und dem Diagramm zugeordnet werden.

Zwischenprotokoll: Für das Team sollte der Bearbeitungsstand immer transparent vor Augen sein. Dies fällt umso schwerer, je länger die Veranstaltung dauert. Daher kann das *Simultanprotokoll* auch innerhalb einer laufenden Veranstaltung – z. B. am Ende eines Tages – als Zwischenprotokoll eingesetzt und an die Teilnehmer verteilt werden.

5) Lösungsvarianten
Unter Berücksichtigung der Zielsetzungen und der herausgearbeiteten Problemursachen werden in dieser Phase die möglichen Alternativen zur Problembehebung ermittelt. Für die einzelnen Lösungsalternativen werden in der Folge die Konsequenzen bei ihrer Realisation bestimmt. Wenn Erfahrung und praktische Versuche sich als nicht tauglich bzw. nicht durchführbar erweisen sollten, kann auf eine Simulation ausgewichen werden. Hinweise:

Um zu verhindern, dass Lösungsansätze stets nur nach althergebrachten Schemata gesucht werden, dienen Methoden der Kreativitätssteigerung dazu, das Team für neue Ansätze zugänglich zu machen. Vorhandene Denk- und Verhaltensstrukturen werden dabei durchbrochen (siehe auch Pocket Power „Kreativitätstechniken").

Beispiel Utopiespiel: „Spinnereien" sind Ziel dieses Spiels, um die Kreativität der Teilnehmer anzuregen. Vom Moderator wird dabei ein Thema vorgegeben, das – abstrakt, nur mit einem losen Zusammenhang mit den aktuellen Problemstellungen versehen – möglichst futuristisch sein sollte, um so die Gedanken von den

Zwängen der Gegenwart zu befreien. Die Assoziationen der Teammitglieder werden dabei an der Pinnwand visualisiert. Die Ideen werden anschließend auf reale Zusammenhänge überprüft, um mögliche Lösungsansätze für das aktuelle Problem zu finden.

Check

6) Lösungsbewertung
Nachdem die Wirkung der einzelnen Lösungsvarianten ermittelt bzw. erarbeitet worden ist, werden die Ergebnisse im Hinblick auf die Zielsetzung und die Präferenzen der Entscheidungsträger miteinander verglichen und in einer Präferenzordnung der Alternativen zusammengeführt.
Bei der Auswahl der zu realisierenden Lösungsansätze dient die Präferenzliste in erster Linie als Entscheidungsgrundlage. Weitere, bis hierhin nicht einbeziehbare Kriterien können das Ergebnis modifizieren oder aber auch einzelne Maßnahmen zu einem Bündel zusammenfügen.

Act

7) Problembehebung, Umsetzung der Lösung
Da der Lösungsprozess kein Selbstzweck, sondern eine sinnvolle und notwendige Aufgabe ist, sei die nun folgende Phase der Realisation nicht nur der Vollständigkeit halber erwähnt.

Auch die besten Ergebnisse werden ihres Sinnes beraubt, wenn sie in Schreibtischschubladen verschwinden. Ergebnisse müssen im Anschluss an die Sitzung auch in Taten umgesetzt werden. Hilfreich ist in diesem Zusammenhang eine Personifizierung der Resultate in einem *Tätigkeitskatalog.* Dieser umfasst die notwendigen Aktivitäten und beauftragten Akteure. Dem Katalog wird ein Zeitplan zur Realisation beigefügt. Mit anderen Worten: Wer muss was bis wann erarbeitet und an wen die Ergebnisse weitergeleitet haben?

8) Überprüfung der Umsetzung und deren Verbesserung
Aus der Überprüfung der Wirksamkeit der umgesetzten Lösung können sich wertvolle Hinweise für weitere Verbesserungen ergeben. Als vorteilhaft für diese Phase erweist sich eine gute Dokumentation der im Team erarbeiteten Lösungen, um den Entscheidungsprozess und auch die einzelnen Teilschritte nachvollziehbar zu gestalten.

Zum Schluss einer Teamsitzung:

- *Offene Fragen:* Auch am Ende einer intensiven Teamsitzung bleiben unabwendbar Fragen offen. Meistens liegt es an der nur begrenzt zur Verfügung stehenden Zeit, manchmal übergeht die Mehrheit einer Gruppe auch bewusst einzelne Themen. Um trotzdem Raum zu schaffen, damit diese Problemfelder nicht in Vergessenheit geraten, bietet sich eine Fragerunde zum Abschluss an, in der solche offenen Fragen zumindest angerissen und protokolliert werden können.
- *Ein-Punkt-Frage:* „Wie zufrieden waren Sie mit dieser Veranstaltung?" Die abschließende Punktbewertung durch das Team ermöglicht sowohl den Teilnehmern als auch dem Moderator eine Einschätzung der Veranstaltung auf einen Blick.

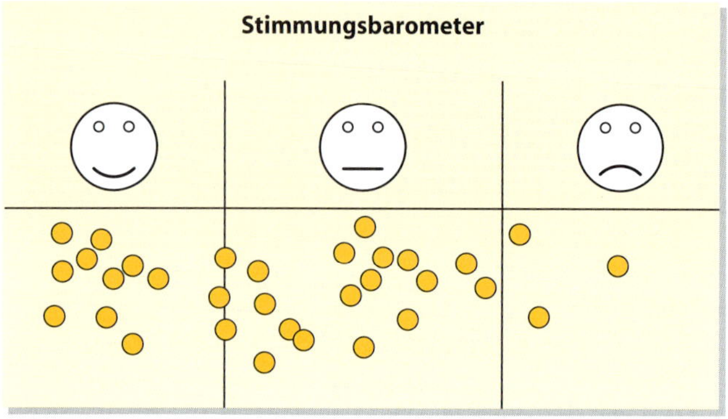

Bild 10: *„Wie zufrieden waren Sie mit dieser Veranstaltung?"*

3 Werkzeugkasten

Die im Folgenden beschriebenen Techniken werden ihrer Funktion entsprechend in diesen vier Kategorien zusammengefasst:

- Aufbereitungstechniken (s. S. 40)
- Suchtechniken (s. S. 73)
- Prognosetechniken (s. S. 88)
- Bewertungstechniken (s. S. 97)

Innerhalb der Kategorien werden die Techniken ihrer alphabetischen Reihenfolge nach erläutert. Die gezielte Suche nach einzelnen Werkzeugen zur Anwendung in der Teamarbeit soll so erleichtert werden.

3.1 Grundlegende Gruppenarbeitstechniken

Die nachfolgend beschriebenen Techniken ergänzen das Kapitel „Die Teamarbeit“. Während dort allgemeine Informationen und Richtlinien zur Arbeit im Team gegeben werden, handelt es sich bei den folgenden Techniken um Werkzeuge für den Umgang mit Teams.

3.1.1 Untergruppen bilden

Eine kreative und dynamische Diskussion wird durch eine zunehmende Gruppengröße erschwert. Meinungsführer sorgen schnell dafür, dass nur noch ein Minimum des vorhandenen Ideenpotenzials genutzt werden kann. Um auch Gruppen von 20 und mehr Personen eine intensive und tief gehende Kommunikation zu ermöglichen, ist es sinnvoll,

Unter- bzw. Kleingruppen von fünf bis zehn Teilnehmern zu bilden, die Teilaufgaben zu bewältigen haben. Hierzu bietet sich eine Reihe von Möglichkeiten an:

- Nach Zufall, z. B. durch Losen oder Abzählen, durch das „Windhund-Verfahren“, bei dem im Flur eine Tafel mit den einzelnen Themengruppen aufgestellt wird. Die Gruppenzahl ist jeweils begrenzt, so dass der Schnellste, der die Tafel als Erster erreicht, freie Auswahl bei der Gruppenwahl hat. Der Letzte muss dann den noch freien Platz belegen.
- Nach Themeninteresse, z. B. durch eine Abfrage durch den Moderator.
- Nach Funktionen.
- Nach Sympathie.

Die zu erarbeitenden Aufgabenstellungen sollten möglichst konkret gestaltet sein, um im Ergebnis auch konkrete Lösungsvorschläge am Ende der Teamsitzung erzielen zu können. Für die Lösungen bedeutet dies, dass

- ihr Zeithorizont für die Umsetzung drei Monate nicht überschreiten sollte. Im anderen Fall sollte die Problemdefinition so lange weiter untergliedert werden, bis Teiltätigkeiten mit höchstens dieser Länge entstanden sind.
- die Lösungsvorschläge dem Kompetenzniveau der Bearbeiter entsprechen. So können die Ideen auch einfacher realisiert werden.

Kleingruppen müssen bei der Bearbeitung darauf achten, dass ihr Zeithaushalt begrenzt ist. Aufgabe des Moderators ist es dabei jedoch nicht, innerhalb der Gruppen in die Arbeit einzugreifen. Festgefahrene Gruppen können durch Überspringen der kritischen Themen ihre Arbeit fortsetzen, die ungeklärten Fragen können dann im gesamten Team ausdiskutiert werden.

3.1.2 Konflikte lösen

Wenn in einem Team kein Konsens gefunden werden kann (z. B. über das Problem, die Ursachen, den Lösungsweg), ist eine Grundsatzdiskussion unumgänglich, um die Gruppe nicht in ihrer weiteren Arbeit zu behindern und die Umsetzung hinauszuzögern. Diese Diskussionen dürfen jedoch nicht ausufern. Um konkrete Ergebnisse zu erzielen, können verschiedene Methoden zur Konfliktbearbeitung herangezogen werden:

Beispiele:

- *Pro-und-Contra-Spiel:* Jede Konfliktseite stellt zwei bis drei Teilnehmer für eine Podiumsdiskussion. Diese tauschen in kurzen Statements ihre Argumente aus. Die Pros und Contras werden dabei visualisiert. Anschließend wird die Pro- und Contra-Seite getauscht, so dass nun die gegenteilige Meinung von den Kontrahenten vertreten werden muss. Hierdurch wird das Problembewusstsein gefördert. In den meisten Fällen kann durch eine anschließende Gewichtung der Argumente eine einvernehmliche Lösung über die strittige Frage gefunden werden.
- *Konfliktbearbeitung in Kleingruppen:* Vor allem Probleme, die einen grundsätzlichen – glaubenhaften – Charakter haben, lassen sich in größeren Gruppen kaum bewältigen. Gegebenenfalls können die Kontrahenten dann diese Konflikte in Kleingruppen lösen, da hier am ehesten Raum für einen intensiven Austausch von Argumenten vorhanden ist.

- *Blitzlicht:* Innerhalb einer Diskussionsrunde können Verhärtungen bei Standpunkten, persönliche Animositäten, Überforderung, Ärger oder andere, dem Lösungsprozess hinderliche Beeinträchtigungen auftreten. Hierfür hat sich die Methode des Blitzlichtes bewährt, die in solchen Situationen eingeschoben werden kann.

  Jeder Teilnehmer erhält nacheinander die Möglichkeit zu einem persönlichen Statement, in dem er seine Gefühle und Meinung zur aktuellen Diskussion äußert. Der Komoderator notiert das Gesagte auf Karten für die Pinnwand oder auf ein Flip-Chart. Antworten, Rechtfertigungen oder Stellungnahmen anderer Gruppenmitglieder sind dabei nicht zulässig. In einer nachgeschalteten Auswertungsrunde können die formulierten Hemmnisse und Blockaden behandelt und möglichst ausgeräumt werden.

3.1.3 Rückkoppelung

Bei längeren Veranstaltungen (Tagesveranstaltung oder länger) ist es sinnvoll, den Gruppenfortschritt zu ermitteln, um Erkenntnisse über veränderte Absichten, Meinungen oder Haltungen zu gewinnen. Hierzu sollten am Anfang einer Veranstaltung die Erwartungen der Teilnehmer geklärt werden; am Ende eines Tages oder der Veranstaltung kann dann, Bezug nehmend auf diese Vorstellungen, ein Vergleich gezogen („Wurden die Erwartungen erfüllt?“) und ausgewertet werden.

Hilfreich ist es auch, wenn zwischenzeitlich, z. B. alle drei Stunden, die Stimmung der Teammitglieder abgefragt wird. Aus den Antworten kann man Rückschlüsse auf den Verlauf der Stimmungslage gewinnen (Bild 11).

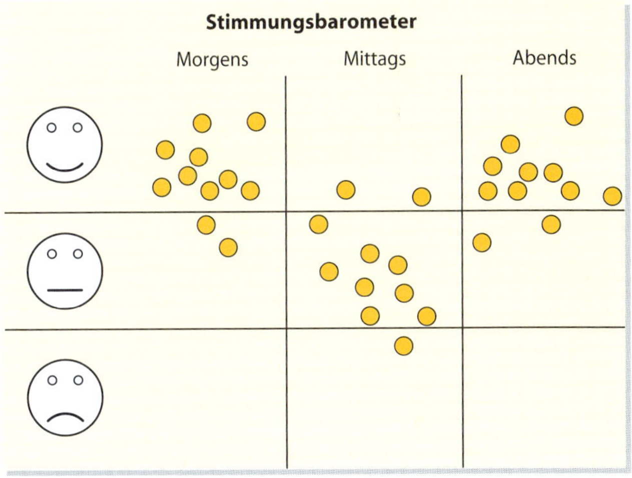

Bild 11: *Beispielhafter Verlauf der Stimmung innerhalb einer eintägigen Teamsitzung*

3.1.4 Protokoll

Für die Teammitglieder ist es sehr hilfreich, wenn sie am Ende einer Veranstaltung ein Ablaufprotokoll der Sitzung mitnehmen können. Das Mitschreiben während des Prozesses ist jedoch für den Kreativitätsprozess hinderlich. Daher sollten alle erarbeiteten Pinnwände, Folien usw. durch den Moderator entweder zusammengefasst oder abfotografiert und dann als Kopie an die Teammitglieder verteilt werden. Voraussetzung hierfür ist, dass zumindest alle wichtigen Aussagen und Ergebnisse auf Plakaten oder Folien festgehalten wurden. So hat jeder Teilnehmer die Ergebnisse vor Augen, kann über den Sachverhalt weiter nachdenken und in der nächsten Teamsitzung unmittelbar an die erarbeiteten Ergebnisse anknüpfen. Sie haben dann auch gegenüber einem Ergebnisprotokoll den Vorteil, dass der Verlauf einer Teamsitzung für die Teilnehmer nachvollziehbar bleibt.

3.2 Aufbereitungstechniken

3.2.1 Affinitätsdiagramm

WORUM GEHT ES?

Wenn zu einem Thema eine große Anzahl von Aussagen vorliegt, sind diese meistens ungeordnet und nur schwer überschaubar. Mittels eines Affinitätsdiagramms lassen sich Beziehungen aufzeigen und verdeutlichen. Eine große Zahl von Ideen, die z. B. durch ein Brainstorming erarbeitet wurden, kann strukturiert werden, ein tieferer Einblick in die Problematik bzw. Zusammenhänge wird so ermöglicht. Ausgangspunkt ist die grundlegende Bearbeitung eines Themen- oder Problemfeldes.

WAS BRINGT ES?

Ergebnis dieser Methode ist eine visualisierte Darstellung der Beziehungen einzelner Faktoren. Die verschiedenen Ideen sind thematisch zusammengefasst – sie sind geordnet.

WIE GEHE ICH VOR?

1) Im ersten Schritt erfolgt die Problemdefinition. Die zu bearbeitende Fragestellung sollte in Form einer offenen Frage und als vollständiger Satz gestellt werden, z. B. „*Was macht einen guten Pizzaservice aus?*"
2) Mittels eines *Brainstormings* (s. S. 73) werden gemäß der Fragestellungen Ideen, z. B. auf Karten, gesammelt. Als untere Grenze sind 20 Vorschläge anzusehen, da sonst keine ausreichende Arbeitsbasis geschaffen werden kann.
3) Es folgt die Strukturierung der Karten. Durch ein Gruppieren der gleichen bzw. thematisch zusammengehörenden Ideen wird in sog. Cluster gruppiert. Mehrere Karten werden optisch durch eine Linie eingekreist, sog. „Wolken" gebildet.
4) Die einzelnen „Wolken" werden mit einem Titel bzw. einer Überschrift versehen.

Stärken/Schwächen

Die Vorteile sind in dem breiten Anwendungsspektrum zu finden. Das Affinitätsdiagramm ist universell einsetzbar und führt in kurzer Zeit auch bei Teilnehmern ohne Vorkenntnisse zu guten Ergebnissen.

Schwierig ist der Einsatz bei komplexen Problemen, da hier die Darstellung schnell unübersichtlich werden kann.

Die Ergebnisse eines Affinitätsdiagramms lassen sich gut mit Hilfe von Kartentechnik und Pinnwänden visualisieren.

Bild 12: *Beispiel für ein Affinitätsdiagramm*

3.2.2 Baumdiagramm

WORUM GEHT ES?

Mit Hilfe eines Baumdiagramms kann ein Problem in mehreren aufeinander folgenden Schritten systematisch auf mögliche Ursachen oder Lösungsmöglichkeiten hin untersucht werden. Der Unterschied zum Ursache-Wirkungs-Diagramm besteht in der strikten sequenziellen Vorgehensweise.

WAS BRINGT ES?

Mit Hilfe des Baumdiagramms ist es möglich, einzelne Gesichtspunkte eines Problems oder eines anderen Themas geordnet darzustellen. Durch das strukturierte Vorgehen wird das Risiko vermindert, wichtige Lösungsansätze zu vergessen. Durch Zerlegung eines Themas können auch komplizierte Zusammenhänge übersichtlich dargestellt werden.

WIE GEHE ICH VOR?

Das Baumdiagramm wird in der Gruppe erstellt. Ausgangspunkt ist ein identifiziertes Problem bzw. das gewünschte Ziel. Dieses wird in mehreren aufeinander folgenden Schritten mit zunehmendem Detaillierungsgrad hinsichtlich der zu seiner Erreichung erforderlichen Maßnahmen untersucht. Alle Vorschläge werden auf Karten gesammelt, die dann in der typischen Baumform vertikal oder horizontal an die Pinnwand geheftet werden. Das Ergebnis ist eine detaillierte übersichtliche Zusammenstellung der von der Gruppe beurteilten Maßnahmen zur Erreichung eines gewünschten Ziels.

Eine andere Darstellungsform ist die „Fehler-Baumanalyse" (Fault Tree Analysis, FTA). Eine wichtige Ausprägungsform des Baumdiagramms ist unter der Bezeichnung „Mittel-Ziel-Diagramm" bekannt.

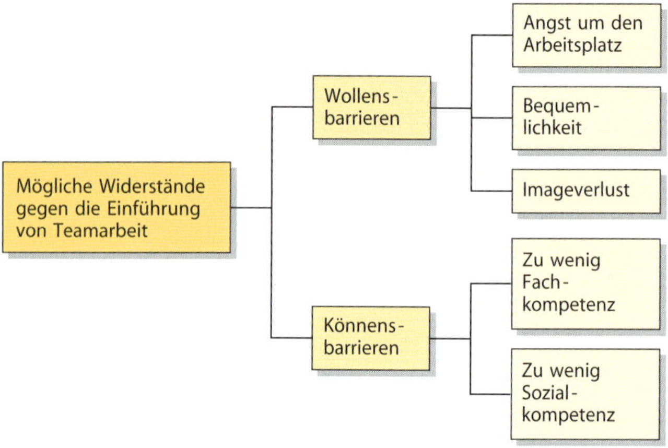

Bild 13: *Baumdiagramm*

3.2.3 Datenblatt (Aufnahmebögen)

WORUM GEHT ES?

Datenblätter oder auch Aufnahmebögen dienen der Ermittlung und Dokumentation von Daten (z. B. Fehlern) nach Art und Größe. Als statistische Erfassung von Vergangenheitswerten oder Zustandsgrößen lassen sich hieraus Trendverläufe oder Muster ableiten. Gebräuchliche Formen von Datenblättern sind u. a. Fehlersammelkarten und Checklisten.

WAS BRINGT ES?

Ergebnis dieser Technik ist eine tabellarische Auflistung von Merkmalen mit ihren jeweiligen Ausprägungen. Die gewonnenen Daten können als klare und definierte Ausgangsbasis für die weitere Diskussion eingesetzt werden.

WIE GEHE ICH VOR?

1) Zunächst müssen die zu betrachtenden Merkmale und ihre Ausprägungen bestimmt werden. Dies können sowohl Ereignisse als auch Zustandsgrößen sein. Im Zweifel sollten lieber zu viele als zu wenige Daten erhoben werden – ein nachträgliches Filtern von Variablen ist wesentlich einfacher als eine zusätzliche spätere Erfassung.
2) Bei der Festlegung des Messverantwortlichen ist neben seiner fachlichen Kompetenz auch seine zeitliche Verfügbarkeit zu beachten, um keinen unnötigen Zeitverzug zu riskieren. Weiterhin wird der zeitliche und räumliche Umfang der Erhebung festgelegt.
3) Das zu erstellende Datenblatt sollte mit Freiräumen für alle wesentlichen Informationen versehen werden. Darunter sollten folgende Punkte enthalten sein:

Basisinformationen	**Messinformationen**
• Projektname • Bearbeiter • Ort • Datum	• Spalte mit Merkmalen • Spalte mit Ausprägungstyp (z. B. Datum) • Zeilensummen • Spaltensummen • Gesamtsumme

4) Mit der Datenerfassung und dem Eintragen in die Erfassungsbögen wird diese Technik abgeschlossen.

Stärken/Schwächen

Die Handhabung des Datenblatts ist sehr einfach. Durch gezielte Erhebungen können in kurzer Zeit die ein Problemfeld oder eine Aufgabe betreffenden Daten ermittelt werden.

Schwierigkeiten treten zumeist bei der Auswahl der Merkmale und Ausprägungen auf. Die Erstellungsphase sollte daher von erfahrenen Mitarbeitern durchgeführt, zumindest aber begleitet werden.

Die Aufnahmebögen sollten möglichst einfach zu handhaben, dem Problem angemessen und weit gehend formalisiert sein.

Produktnummer: 0098745-6 Ort: Ebene 4
Produktbezeichnung: Toaster Prozess: Endmontage

Monat:	Januar			
Fehler:	2.	3.	4.	Summe
Kratzer	~~IIII~~ I	IIII	~~IIII~~ I	16
Korrosion	II	~~IIII~~	I	8
Lackfehler	III	I	III	7
Risse		II	I	3
Sonstiges	III	I	I	5
Summe	14	13	12	39

Prüfart: Stichprobe je Tag 30 Stück
Uhrzeit: 10.00-13.00 Uhr
Datum: 2. bis 4. Januar 2002
Prüfer: Schulze

Bild 14: *Beispiel für ein Datenblatt*

3.2.4 Flussdiagramm

WORUM GEHT ES?

Um Prozesse, Abläufe und Tätigkeiten in einer Diskussion transparent werden zu lassen, bietet sich ein Flussdiagramm als Darstellungsform an. Dies betrifft vor allem Prozesse während der Planung oder der Überprüfung eines existierenden Ablaufs. Das Flussdiagramm ist universell einsetzbar – für Dienstleistungs-, Produktions- und sonstige Abläufe. Besonders beim Reengineering, im Rahmen des Prozessmanagements, werden mit Hilfe von Flussdiagrammen Prozessschritte neu geplant und zusammengefügt.

WAS BRINGT ES?

Durch die strukturierte und visuelle Darstellung kann sowohl ein Prozess in seiner Gesamtheit als auch in seinen einzelnen Prozessschritten überblickt und nachvollzogen werden. Eine grafische Darstellung eines Prozesses mit seinen Abläufen in Funktionssymbolen als visuelles Ergebnis ist in kurzer Zeit für eine Gruppe nachvollziehbar.

WIE GEHE ICH VOR?

1) Zunächst muss der Rahmen bzw. die Grenzen des zu betrachtenden Prozesses festgelegt werden. Der Start- und der Zielpunkt für den Gesamtprozess bzw. jeden Teilprozess werden ebenfalls definiert.
2) Die einzelnen notwendigen oder bereits vorhandenen Prozessschritte werden systematisch z. B. durch eine Kartenabfrage ermittelt.
3) Im nächsten Schritt werden die einzelnen Prozessschritte in der Reihenfolge ihrer Ausführung angeordnet – der Sollprozess wird konzipiert.

4) Nachdem der eigentliche Prozessablauf erfasst ist, werden die einzelnen Prozessschritte mittels folgender Symbole dargestellt:

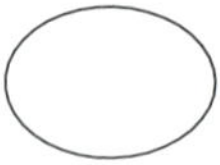

Ovale für Material und Informationen, für Start und Resultate

Quadrate für eine Aufgabe oder Tätigkeit

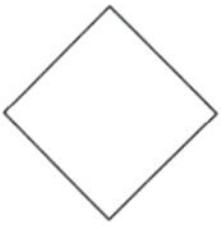

Raute für Ja/Nein-Fragestellungen bzw. Entscheidungen

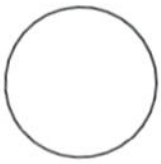

Kreis mit einem Buchstaben bzw. einer Nummer für Unterbrechungen oder Verknüpfungen

5) Ein Testdurchlauf auf Vollständigkeit und Logik ermöglicht die Überprüfung der konzipierten Prozessschritte.
6) Falls bei der Überprüfung Schwächen auftauchen, müssen Korrekturen und Optimierungen am Prozessablauf durchgeführt und der Testlauf wiederholt werden.

Stärken/Schwächen

☺ Das Flussdiagramm ermöglicht es, unübersichtliche und komplexe Zusammenhänge zu systematisieren und zu visualisieren. Es ist besonders für die Darstellungen von Prozessen geeignet.

Die Optimierung eines Prozesses kann langwierig sein. Oft ist es ratsam, für die Optimierung einzelner, in sich abgeschlossener Prozessschritte Kleingruppen einzusetzen.

Nutzen Sie für die Darstellung von Prozessschritten die Kartentechnik und Pinnwände. Jeder Prozessschritt wird dabei auf einer Karte notiert und entsprechend dem geplanten Prozessverlauf an die Pinnwand geheftet. Auf diese Weise können Sie jederzeit Prozessschritte umhängen.

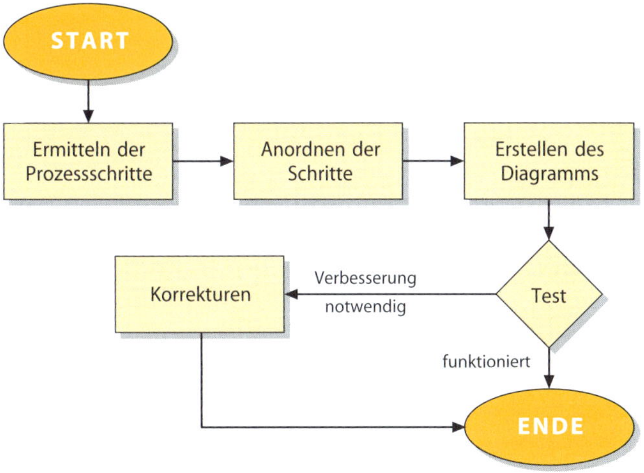

Bild 15: *Beispiel für ein Flussdiagramm: Ablaufbeschreibung zur Erstellung eines Flussdiagramms*

3.2.5 Histogramm

WORUM GEHT ES?

Ermittelte Daten werden mittels eines Säulendiagramms, dem Histogramm, zusammengefasst, klassifiziert und in Form einer Grafik dargestellt.

WAS BRINGT ES?

Ein Säulendiagramm mit den Häufigkeitsverteilungen der zu Klassen zusammengefügten Daten vereinfacht den Umgang mit großen Datenmengen; die kritischen Werte lassen sich aus der Darstellung leicht entnehmen.

WIE GEHE ICH VOR?

1) Zunächst müssen die Maßeinheiten und Klassen festgelegt werden.
2) Die Datenerhebung kann mittels *Datenblatt* (s. S. 44) durchgeführt werden. Um eine gewisse statistische Sicherheit zu gewährleisten, sollten wenigstens 50 bis 100 Daten erhoben werden.
3) Die erhobenen Daten werden den vorgegebenen Klassen zugewiesen. Die Häufigkeit der einzelnen Werte innerhalb der Klassen ergibt die Höhen für die jeweiligen Säulen im Histogramm.
4) Das Histogramm wird als Säulendiagramm erstellt. Auf der Abszisse werden dabei die Werte der einzelnen Klassen eingetragen, auf der Ordinate die Häufigkeit.

Stärken/Schwächen

Die Technik lässt sich einfach und rasch anwenden.

Klasse j von ... bis unter ...	Klassenhäufigkeit h_j
000 – 100	10
100 – 200	20
200 – 300	40
300 – 400	50
400 – 500	30
500 – 600	20

Histogramm

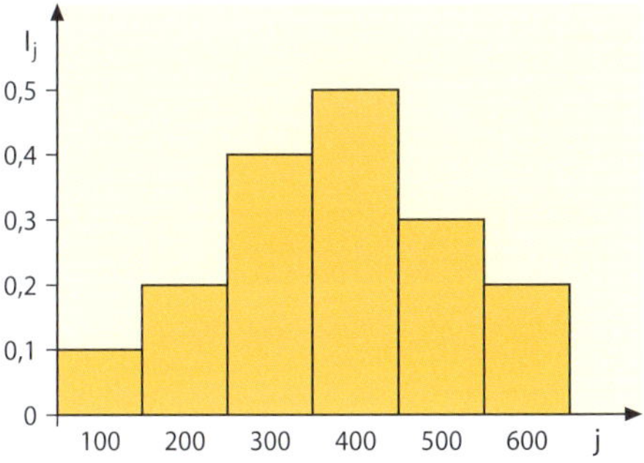

Bild 16: *Beispiel für ein Histogramm*

3.2.6 Interdependenzanalyse

WORUM GEHT ES?

Innerhalb eines Systems haben die Beziehungen zwischen den verschiedenen Elementen selten die gleiche Intensität. Daher ist es von Bedeutung, positive und negative

Beeinflussung der Elemente untereinander aufzuzeigen, um Reaktionen auf die Veränderung eines Elementes auf die übrigen Elemente und das Gesamtsystem berücksichtigen zu können.

WAS BRINGT ES?

Eine Berechnung des *Interdependenz-Korrekturfaktors* ermöglicht es, die Auswirkungen der einzelnen Elemente aufeinander und auf das Gesamtsystem zum Ausdruck zu bringen. Ermittelt werden dabei systemunterstützende oder -behindernde Elemente.

WIE GEHE ICH VOR?

1) Zunächst müssen die zu betrachtenden Elemente innerhalb eines Systems festgelegt werden. Im folgenden Beispiel sind dies Liefertreue, -flexibilität, Änderungsflexibilität und Servicefähigkeit.
2) Im nächsten Schritt wird eine Matrix (siehe Beispiel) mit den Elementen jeweils auf der X- und der Y-Achse erstellt, um sie so miteinander vergleichen zu können.
3) Mittels eines paarweisen Vergleiches zwischen den einzelnen Elementen (X- zu Y-Achse) über die indirekte Förderung der Elemente untereinander wird ein Interdependenzwert für die einzelnen Elementkombinationen bestimmt. Dabei drückt eine Bewertung der Beziehung mit +9 eine hohe indirekte Förderung des anderen Elementes, mit –9 eine niedrige indirekte Förderung aus.
4) Die Spalten- und Zeilensummen werden berechnet. Der mittlere Spalten- bzw. Zeilenwert ergibt sich dann aus der Summe geteilt durch die Anzahl der Elemente.

Sender: / Empfänger:	A	B	C	D	Zeilen-summe	Spalten-summe normiert (+27)	Zeilen-summe normiert (+27)	relative Sendestärke (normierter Spaltenwert / mittlere normierte Spaltensumme)	relative Empfangsstärke (normierter Zeilenwert / mittlere normierte Zeilensumme)	Interde-pendenz-Korrek-turfaktor
Liefertreue (A)	9	7	5	6	27	18	45	0,70 (27/(155/4))	1,33 (45/(135/4))	0,6
Lieferflexibilität (B)	-7	9	2	-3	1	44	28	1,14	0,83	1,57
Änderungs-flexibilität (C)	-5	-2	9	0	2	39	29	1,01	0,86	1,34
Servicefähigkeit (D)	-6	3	0	9	6	54	33	1,39	0,98	1,64
Summe	**-9**	**17**	**16**	**12**	**36**	**155**	**135**			

Bild 17: *Beispiel für eine Interdependenzanalyse*

5) Die Werte werden normiert. Um zu gewährleisten, im Weiteren mit positiven Zahlen arbeiten zu können, wird jedem Wert der größtmögliche negative Wert hinzuaddiert. Bei einer maximalen negativen Bewertung von –9 und – in diesem Beispiel – vier Elementen beträgt dieser Wert $9 \times 4 = 27$. Die relative Sendestärke berechnet sich aus dem Verhältnis von normiertem Spaltenwert zu mittlerem Spaltenwert und die relative Empfangsbereitschaft aus dem Verhältnis von normiertem Zeilenwert zu mittlerem Zeilenwert.
6) Es erfolgt die Berechnung des Interdependenz-Korrekturfaktors (normierter Spaltenwert zu normiertem Zeilenwert).

Stärken/Schwächen

Die Elemente mit „positiver Ausstrahlung" können gezielt genutzt werden.

Jeder berechnete Korrekturfaktor gilt nur bezogen auf den Zeitpunkt seiner Berechnung.

3.2.7 Interessengruppenanalyse

WORUM GEHT ES?

Im Zuge der Vorbereitung eines Lösungsprozesses ist es vor allem bei unklaren Rahmenbedingungen hilfreich, eine Umfeldbetrachtung durchzuführen. Die Betroffenen bzw. Beteiligten und das Umfeld lassen sich so identifizieren.

WAS BRINGT ES?

Durch die Analyse lässt sich eine Auflistung der externen Größen und derer Einflussfaktoren erstellen. Zusätzlich erhält man eine Übersicht über die an einem Problem und deren Lösung beteiligten Personen.

WIE GEHE ICH VOR?

1) Im ersten Schritt muss das Problem, das den Beeinflussungen unterliegen könnte, definiert werden.
2) Das Umfeld kann nun beispielsweise in die Bereiche *Mensch, Technik* und *Wirtschaft* unterteilt werden. Auch andere Unterteilungen können sinnvoll sein.
3) Mit der Fragestellung: „Wer ist betroffen?“, lassen sich die Interessengruppen, -personen und -bereiche identifizieren.
4) Im Folgenden werden für die einzelnen Gruppen oder Personen Zielprioritäten ermittelt. Diese können weiter in sich gegliedert und gewichtet werden.
5) Für jede Gruppe/Person lässt sich ein Gewicht bestimmen, das ihren Einfluss auf die Ausgangsproblematik beschreibt.
6) Abschließend erfolgt ein systematischer Vergleich der Zielprioritäten, um potenzielle Koalitionen bzw. Konflikte zu ermitteln.

Stärken/Schwächen

Bei guter Informationsbasis kann durch frühe Miteinbeziehung von Betroffenen der potenzielle Widerstand erheblich verringert werden: *Betroffene zu Beteiligten machen!* Der Aufwand für diese Analyse ist gering.

☹ Die wahren und exakten Zielprioritäten von Beteiligten sind für Außenstehende oft nur schwer auszumachen. Sie sollten durch eine intensive Kommunikation ermittelt werden.

3.2.8 Matrixdiagramm, Portfolio

WORUM GEHT ES?

Mit dem Matrixdiagramm können die Wechselwirkungen unterschiedlicher Aspekte eines Problems in den durch Spalten und Zeilen einer Matrix gebildeten Feldern übersichtlich dargestellt werden. Je nach Problemlage können l-, t- oder x-förmige Matrizen verwendet werden.

WAS BRINGT ES?

Die systematische Auflistung und Bewertung verschiedener Wechselwirkungen hilft einem Team, ein Thema besser zu verstehen. Insbesondere komplizierte Verhältnisse lassen sich strukturiert veranschaulichen, z. B. wie eine Maßnahme auf verschiedene Ziele einwirkt.

WIE GEHE ICH VOR?

Zuerst werden die Dimensionen eines Vergleiches festgelegt, z. B. Aufgaben/Verantwortlichkeiten oder Fehlerursache/Fehlerwirkung usw. Jede Dimension wird nun durch einzelne Merkmale beschrieben und die Matrix erstellt. Die gebildeten Zeilen und Spalten können nun für den Beziehungsvergleich der einzelnen Merkmale untereinander genutzt werden. Die Bewertung der Beziehungen kann mit Hilfe unterschiedlicher Symbole oder durch Zahlenwerte erfolgen.

Es sollten nicht zu viele Merkmale einer Dimension untersucht werden (max. 20), da sonst die Übersichtlichkeit leidet. Zudem steigt der Arbeitsaufwand rasch an. So sind beispielsweise bei einer L-Matrix mit je zehn Merkmalen schon 100 Beziehungen zu überprüfen.

Phasen / Zuständigkeit	Schulungen	Pilotprojekt	Teamarbeit	Fragebogen	Coaching	Präsentation	usw.
Geschäftsführung	○			●		●	
Qualitätswesen	◆	●	○	◆	◆		
Personalwesen	●	○	◆		●		
Entwicklung	○	◆	●		○	◆	
Produktion			○		○		
Einkauf/Vertrieb					○		
usw.							

● Verantwortung
○ Beteiligung
◆ Durchführung

Bild 18: *Matrixdiagramm, l-förmig*

Variation: Portfolio

Eine Variation des Matrixdiagramms ist das Portfolio. Mit dessen Hilfe können Problemstellungen anhand von zwei Dimensionen tiefer gehend untersucht werden. Eine dritte Dimension kann man bei Bedarf z. B. durch die Größe der Kreise einführen. Aus der Darstellung lassen sich z. B. Istsituation, Entwicklungsmöglichkeiten oder angestrebte Ziele für ein Vorhaben ableiten. Die Portfoliodarstellung unterstützt hervorragend den Diskussionsprozess in einem Team.

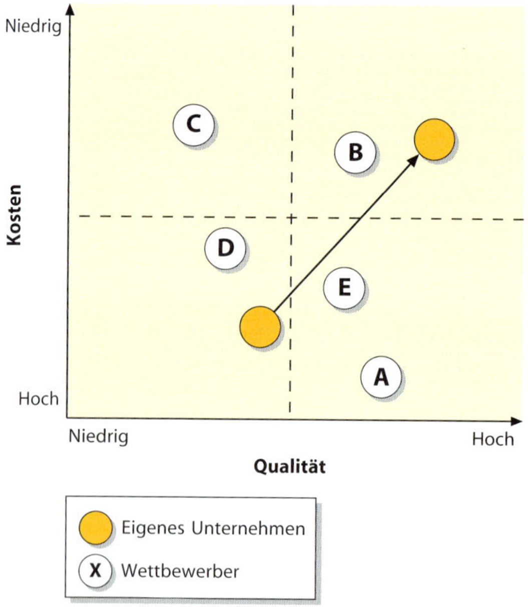

Bild 19: *Beispiel eines Portfolios: Vergleich des eigenen Unternehmens mit Wettbewerbern*

Quelle: McKinsey.

3.2.9 Kartenabfrage

WORUM GEHT ES?

Ziel ist die Sammlung von Wissen, Ideen, Problemen und deren Lösungsansätzen, Fragen oder Themen von mehreren Personen innerhalb kurzer Zeit. Geeignet ist diese Technik vor allem

- als Einstiegsabfrage der Teilnehmer zur Orientierung;
- zur Sammlung von Gruppenmeinungen/-wissen.

WAS BRINGT ES?

Die Beantwortung von Fragestellungen mit Hilfe von Karten ermöglicht die Erfassung eines breiten Spektrums von Sachwissen und Meinungen unter Einbeziehung der gesamten Gruppe und ist situativ in jeder Phase einer Aufgabenbearbeitung einsetzbar. Dadurch wird praktisch das Sammeln von Ideen ohne die Benutzung der Sprache möglich.

WIE GEHE ICH VOR?

1) Der Gruppe wird zu Beginn eine Frage gestellt, die in Stichwörtern beantwortbar sein sollte.
2) Als Arbeitsmittel werden Karten und Filzstifte verteilt.
3) Eine beliebige oder auch vorgegebene Anzahl von Karten wird durch die Gruppenteilnehmer beschrieben. Dabei sollte maximal ein Gedanke pro Karte notiert werden; das Beschreiben der Karten mit großen, deutlich lesbaren Druckbuchstaben mit nicht mehr als drei Zeilen bei maximal sieben Wörtern ist sinnvoll.
4) Ein verdecktes Einsammeln aller Karten und Mischen gewährleistet eine gewisse Anonymität.

5) Die Karten werden vom Moderator vorgelesen und unter Konsensbildung der Gruppe zu Clustern mit ähnlichem oder gleichem Inhalt/Thema zusammengefasst.
6) Eine nochmalige Zuordnungsüberprüfung der Karten durch die Gruppe ist zweckmäßig, da häufig während einer Zuordnungsdiskussion sich neue oder geänderte Zuordnungskriterien herausbilden können.
7) Bei der „Wölkchenbildung" werden Karten gleichen Inhalts/Themas in einer Umrahmung zusammengefasst und erhalten eine passende Überschrift.

Stärken/Schwächen

Alle Teilnehmer werden integriert, die Karten sind anonym und gleichgewichtet, so dass keine hierarchischen Unterschiede zwischen den Gruppenmitgliedern zum Tragen kommen. Mehrfachnennungen werden sofort sichtbar, und das Spektrum der Antworten wird schnell transparent gemacht.

Es ist relativ viel Zeit einzuplanen, vor allem bei großen Gruppen und vielen Nennungen. Wird die Anzahl der Karten nicht begrenzt, kann die Darstellung auf einer Wand schnell unübersichtlich werden.

Varianten

Zuruffrage: Eine Ideensammlung, bei der ohne Hemmung des Gedankenganges alle Einfälle sofort protokolliert werden und die so weitere stichwortartige Zurufe auslöst. Eine Dominanz der Gruppenmeinung durch Meinungsführer („Opinion-Leader") wird so vermieden. Bei der offenen Beantwortung über Zuruf notiert der Moderator auf einem Flip-Chart oder auf einer Pinnwand die Zurufe, die Ordnung der Antworten wird erst in einem zweiten Schritt hergestellt.

Stärken/Schwächen

Der Zeitaufwand ist gering. Assoziationseffekte und weitere Antworten werden stimuliert, mit der Folge, dass ein breiteres Antwortspektrum als bei verdeckter Abfrage erzielt werden kann. Mehrfachantworten werden vermieden.

Die Gleichbehandlung der Gruppenmitglieder und die Anonymität sind nicht gewährleistet, die Ordnung/Gruppierung der Beiträge ist im Nachhinein oft schwierig. Die Dominanz der Gruppe durch „Opinion-Leader" ist nicht zu vermeiden.

3.2.10 Radardiagramm

WORUM GEHT ES?

Ein Radardiagramm kann das Spannungsfeld zwischen Soll- und Istzustand verschiedener Zielsetzungen aufzeigen. Dabei werden aktuelle Stärken und Schwächen verdeutlicht.

WAS BRINGT ES?

Eine grafische Darstellung der Soll- und Istzustände mehrerer Zielsetzungen ist das Ergebnis dieser Technik. Die Visualisierung ermöglicht einen schnellen Überblick über Abweichungen sowohl für einen einzelnen Indikator als auch im Vergleich untereinander. Aus der übersichtlichen Darstellung lassen sich so Verbesserungspotenziale ableiten.

WIE GEHE ICH VOR?

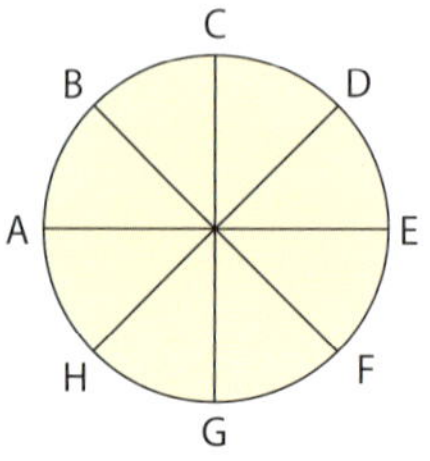

1) Zunächst müssen die zu bewertenden Zielsetzungen bzw. Kategorien festgelegt werden. Die Anzahl sollte zwischen fünf und acht liegen.
2) Beim Erstellen des Radardiagramms wird für jede Kategorie eine Speiche bereitgestellt. Der jeweilige Sollwert wird als äußerer Kreis hinzugefügt; dieser entspricht dabei einer Bewertung als 100%ige Zielerreichung.
3) Die einzelnen Kategorien werden hinsichtlich ihres Istzustandes bewertet.
4) Die Werte werden über Linien miteinander verbunden.

Zielerreichungsgerade von verschiedenen unternehmensinternen Audits:

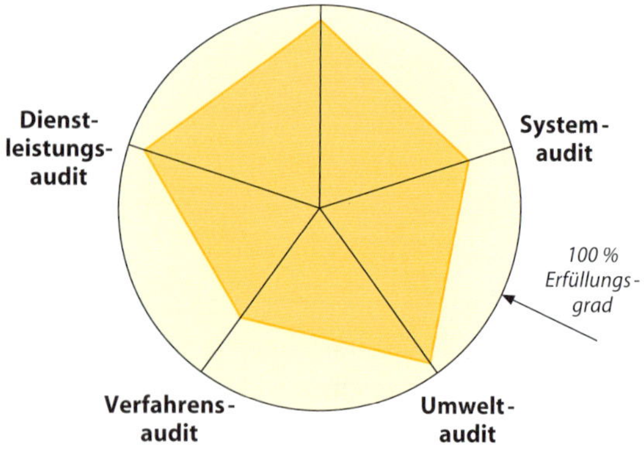

Bild 20: *Beispiel für ein Radardiagramm*

Stärken/Schwächen

☺ Die *grafische* Darstellung zeigt rasch und einfach Schwachstellen auf. Verbesserungspotenziale bzw. Defizite werden unmittelbar sichtbar.

3.2.11 Relationendiagramm

WORUM GEHT ES?

Das Relationendiagramm geht von einem zentralen Problem oder einer zentralen Idee aus und zeigt Zusammenhänge mit anderen Gegebenheiten auf. Mit diesem Diagramm wird das Denken in Zusammenhängen stark gefördert.

WAS BRINGT ES?

Mit dem Relationendiagramm lassen sich komplexe nichtlineare Zusammenhänge darstellen. Beziehungen zwischen verschiedenen Faktoren werden herausgearbeitet.

WIE GEHE ICH VOR?

Das Relationendiagramm wird mit Hilfe von Karten und einer Pinnwand erstellt. Zunächst wird das Ausgangsproblem auf eine Karte geschrieben und angeheftet. Durch Diskussion unter den Teamteilnehmern werden weitere Aspekte, die das Problem betreffen, ermittelt und jeweils auf eine Karte geschrieben. Die Karten werden an die Pinnwand geheftet und deren Beziehungen herausgearbeitet. Die Beziehungen werden als Pfeile eingezeichnet. Diese sollen nur in eine Richtung weisen, ggf. muss das Team sich in der Diskussion für die stärkere Einflussrichtung entscheiden. Das Ergebnis ist eine strukturierte Darstellung der Wechselwirkungen verschiedener Aspekte eines Problems. Für die Teilnehmer der Diskussion ist das für den Außenstehenden zunächst verwirrend erscheinende Bild gut nachvollziehbar und gibt den Gedankengang der Gruppe wieder.

Das Relationendiagramm wird auch eingesetzt, um komplexe, individuelle Gedankengänge festzuhalten, die zu einem späteren Zeitpunkt weiterverfolgt werden sollen. Diese individuelle Anwendung nennt sich Mind-Mapping.

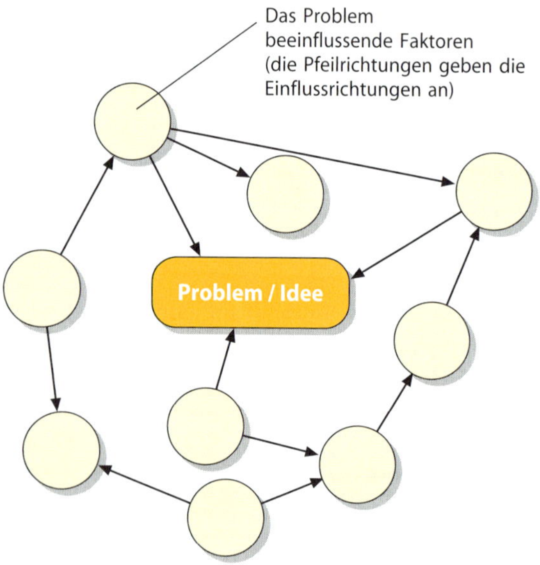

Bild 21: *Schematische Darstellung des Relationendiagramms*

Einstiegsdiskussion zu einer Leitbildentwicklung

Welche Themen sollten wir im Vorfeld der Leitbildentwicklung klären? Wie beeinflussen sich die Themen gegenseitig?

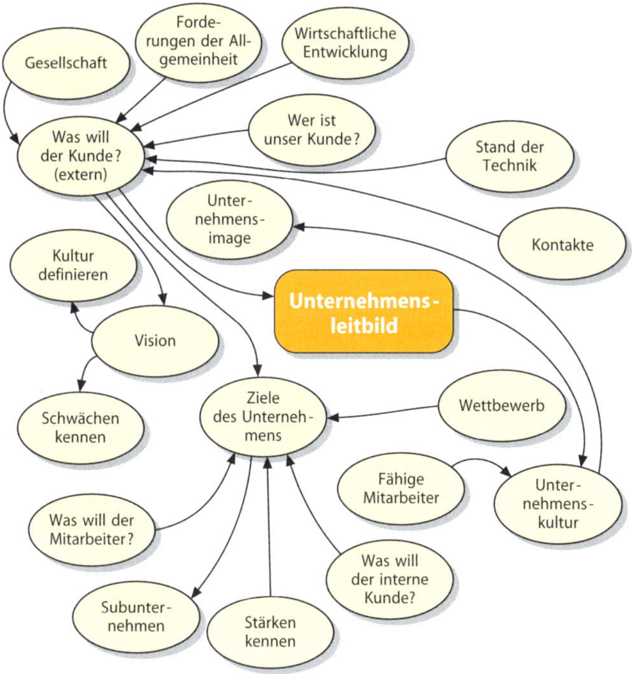

Bild 22: *Beispiel für ein Relationendiagramm*

3.2.12 Streuungsdiagramm

WORUM GEHT ES?

Die Zusammenhänge zwischen zwei Variablen bezüglich einer positiven, negativen oder neutralen Korrelation werden mit dem Streuungsdiagramm aufgezeigt.

WAS BRINGT ES?

Die Grafik ermöglicht einen schnellen Überblick über die Beziehungen.

WIE GEHE ICH VOR?

1) Zuerst werden die beiden zu betrachtenden Variablen festgelegt.
2) Es folgt eine Datenerhebung von mindestens 50 bis 100 Einzelwerten. Eine geringere Zahl von Werten würde die statistische Absicherung des Ergebnisses kaum gewährleisten.
3) Die ermittelten Werte werden in ein Koordinatensystem eingetragen. Dabei wird eine Variable auf der X-Achse, die andere auf der Y-Achse aufgetragen.
4) Das Diagramm wird interpretiert und die entsprechende Korrelation bestimmt.

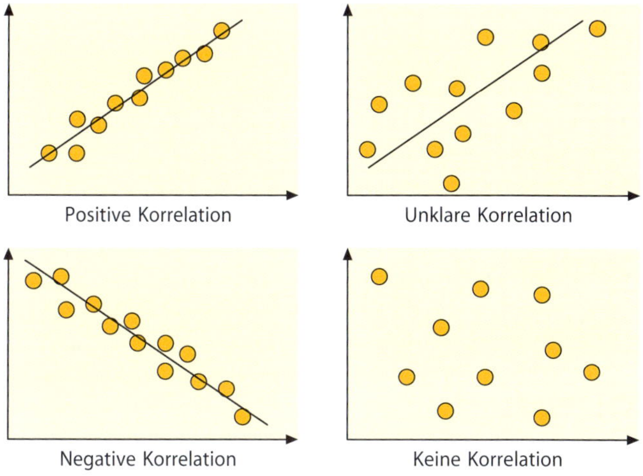

Bild 23: *Streuungsdiagramme*

Stärken/Schwächen

Die Technik ist einfach und schnell durchführbar.

Bei der Deutung eines Korrelationsdiagramms muss beachtet werden, dass nur ein statistischer Zusammenhang aufgezeigt werden kann. Ob sich aus diesem auch eine logische Ursache-Wirkungs-Beziehung ableiten lässt, muss immer noch zusätzlich geprüft werden.

3.2.13 Themenspeicher

WORUM GEHT ES?

Während des Klärungsprozesses der zu bearbeitenden Problemstellungen ist es wichtig, den Überblick über noch nicht bearbeitete Themen bzw. Arbeitsschwerpunkte zu behalten. Daher sollten Themen gesammelt werden, um eine gezielte Auswahl treffen zu können.

WAS BRINGT ES?

Vorgegebene bzw. vorher z. B. durch *Brainstorming* (s. S. 73) ermittelte Themen und Arbeitsschwerpunkte werden visuell im Gedächtnis der Gruppe gehalten, zu bearbeitende Themen können mittels *Punktbewertungsmethode* (s. S. 105) gewichtet werden.

WIE GEHE ICH VOR?

1) Die Themen wurden z. B. durch *Brainstorming* ermittelt und durch die Gruppe in eine Reihenfolge gebracht (z. B. durch *Punktabfrage*). Als Themenspeicher kann dabei z. B. eine Pinnwand oder auch ein Flip-Chart dienen.
2) Die Themen werden in der ermittelten Reihenfolge abgearbeitet bzw. verworfen.

Stärken/Schwächen

Über den aktuellen Bearbeitungsstand der Themen herrscht immer ein guter Überblick.

Der Themenspeicher muss gepflegt werden, d.h. abgearbeitete Themen müssen gestrichen, neue Themenstellungen hinzugefügt werden.

Themenspeicher

Workshop am 11. November
„Produktion"
Noch zu bearbeitende Themen:

- *Es muss geklärt werden, welche Inhalte für das Training der Mitarbeiter mit der neuen Technik maßgeblich sind.*
- *Wann und wo findet die nächste Sitzung statt?*
- *Es muss ein Budgetrahmen für die Umsetzungsmaßnahmen und das Training erarbeitet werden.*
- *Welcher Bereich übernimmt die Patenschaft für das Pilotprojekt?*
- *Wir müssen eine strukturierte Vorgehensweise für die Dokumentation erstellen.*
- ...

Bild 24: *Beispiel eines Themenspeichers*

3.2.14 Ursache-Wirkungs-Diagramm

WORUM GEHT ES?

Die Technik ermöglicht die Analyse einer Wirkung bzw. eines Problems mit unbekannter Ursache. Dabei werden die Schwachstellen identifiziert und die Schadenswege nachvollziehbar gemacht. Das Ursache-Wirkungs-Diagramm wird auch nach seinem Erfinder Ishikawa-Diagramm oder seiner Form nach Fischgrätendiagramm genannt.

WAS BRINGT ES?

Die möglichen Ursachen für eine Wirkung werden grafisch übersichtlich dargestellt. Das Know-how des gesamten Teams wird bei dieser Technik eingebracht.

WIE GEHE ICH VOR?

1) Zunächst wird ein grafisches Grundgerüst („Fischgräten") mit den Oberbegriffen *Mensch, Maschine, Material* und *Methode* erstellt, falls sinnvoll, in der erweiterten Form mit *Messmittel, Management* und *Milieu* (vgl. Bild 25). Auch hier ist die Verwendung von Pinnwänden und Karten zu empfehlen.
2) Zu jedem der einzelnen Oberbegriffe wird ein *Brainstorming* zur Identifizierung möglicher Ursachen durchgeführt.
3) Innerhalb der einzelnen Oberbegriffe werden die Prozessschritte eingeordnet, von denen ein Zusammenhang mit der Problemursache vermutet wird.
4) Die Analyse des gesamten Diagramms und die Ermittlung der vermutlich verantwortlichen Fehlerursachen schließen diese Technik ab.

Stärken/Schwächen

Die vorstrukturierte Problem-Ursachen-Landschaft erleichtert die Bearbeitung.

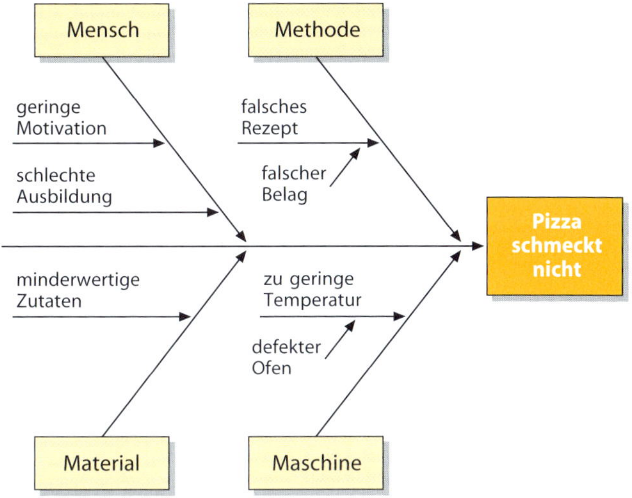

Bild 25: *Beispiel für ein Ursache-Wirkungs-Diagramm*

3.2.15 Zielanalyse

WORUM GEHT ES?

Die Zielanalyse dient der Erstellung eines Zielsystems der Zustandsbewertung bzw. zur Bewertung von systemverändernden Maßnahmen.

WAS BRINGT ES?

Ergebnis ist ein auf die Problemstellung abgestimmtes Zielsystem. Ober- und Unterziele werden strukturiert dargestellt, die zur Erreichung des Hauptziels notwendigen Teilziele formuliert.

WIE GEHE ICH VOR?

1) Zunächst wird nach für das Hauptziel relevanten Zielen, z. B. mittels *Brainstorming* (s. S. 73), gesucht. Hieraus wird ein ungeordneter Zielkatalog gebildet. Es zeigt sich immer wieder in der Teamarbeit, dass die einzelnen Teilnehmer unterschiedliche Vorstellungen von den zu erreichenden Zielen haben.
2) Aus dem Katalog wird eine Zielhierarchie erstellt, die auf jeder Stufe gleichrangige Ziele enthält.
3) Die Zielhierarchie wird so lange auf Überschneidungsfreiheit und Vollständigkeit der einzelnen Ziele hin überprüft, bis die einzelnen Ziele eindeutig und überschneidungsfrei sind.
4) Die Ziele der untersten Zielebene werden durch Indikatoren (Zielwerte) operationalisiert, ihnen werden Gütefaktoren zur Messung und Prüfung der Zielerreichung zugeordnet.
5) Die Zielelemente werden gegeneinander gewichtet, um so Prioritäten zum Ausdruck zu bringen. Die Summe der Gewichte auf einer Ebene muss immer 100 % ergeben.

Stärken/Schwächen

Die Ziele des Systems sind stark durch den Bearbeiter geprägt, ihnen fehlt häufig eine allgemein gültige Aussagekraft.

Das Ergebnis gilt nur zeitpunktbezogen.

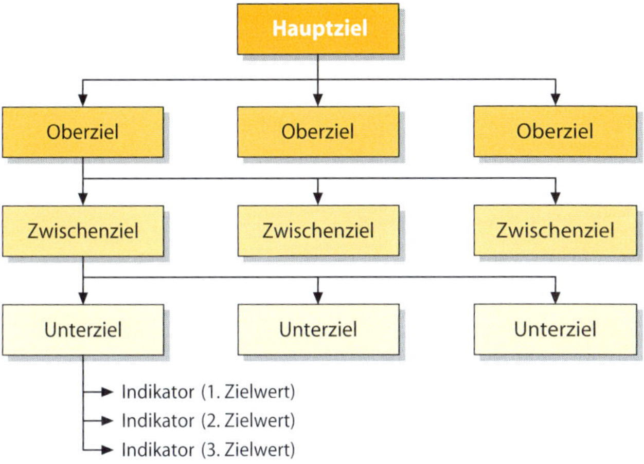

Bild 26: *Schema eines Zielsystems*

3.3 Suchtechniken

3.3.1 Brainstorming

WORUM GEHT ES?

Durch eine rasche Sammlung von „Geistesblitzen“ erleichtert diese Methode die Ideenfindung auf fast allen Gebieten.

WAS BRINGT ES?

Als Ergebnis wird der Anwender ein mehr oder weniger großes Ideenspektrum erhalten. Durch die Technik werden alle Teammitglieder beteiligt. Es wird möglich, völlig neue Denkansätze einzubringen.

WIE GEHE ICH VOR?

1) Zu Beginn wird das eigentliche Problem definiert bzw. der thematische Rahmen umrissen.
2) Im zweiten Schritt müssen die Spielregeln für die Bearbeitung geklärt werden. Dieser Schritt ist insbesondere deshalb wichtig, weil es bei der Bearbeitung auf strikte Disziplin und die Einhaltung folgender Verhaltensregeln ankommt:
   - Ideen und Gedanken werden nicht kritisiert.
   - Gedanken sollen frei und ohne Hemmungen geäußert werden, dies gilt auch für „Spinnereien“.
   - Ziel ist ein maximales Produzieren von Ideen – Quantität geht vor Qualität.
   - Ideen anderer sollen aufgegriffen werden.
3) Zur Beantwortung werden Karten und Stifte verteilt.
4) Die Teilnehmer beschriften für jeden Gedankenblitz eine Karte.
5) Um die Anonymität zu gewährleisten, werden die Karten nach dem Einsammeln gemischt.
6) Die Karten werden unkommentiert vom Moderator laut vorgelesen und an eine Pinnwand geheftet. Neue Ideenkarten können dabei jederzeit hinzugefügt werden.
7) Die Karten werden zu Themenbereichen geordnet und auf ihre Verwendbarkeit hin überprüft.

Variation

- *Abfrage auf Zuruf:* Alternativ kann die Kartenabfrage auch durch eine Abfrage auf Zuruf ersetzt werden. Die Teilnehmer äußern somit ihre Ideen, der Moderator hält diese an der Tafel oder auf Karten fest.

Stärken/Schwächen

Ideenfindung und -bewertung bleiben getrennt. Zahlreiche Ideen können in kurzer Zeit geliefert werden; unorthodoxe Vorschläge sind dabei ebenfalls möglich. Durch die Möglichkeit, die Abfragen anonym durchzuführen (Kartenabfrage), kann jedem Teilnehmer ohne hierarchische oder rhetorische Berücksichtigung die Beteiligung an der Diskussion ermöglicht werden.

Da keine Bewertung durchgeführt werden soll, ist die Methode für ungeübte Gruppen schwierig zu handhaben. Bei ungeübten Teams treten häufig Akzeptanzprobleme für diese „Spielerei" auf.

So einfach und grundlegend diese Technik auf den ersten Blick erscheint, so schwierig ist sie für ungeübte Gruppen. Wichtig ist eine große Disziplin bei der Ideensammlung, Diskussionen und Kritik zu geäußerten Ideen sind unerwünscht! Destruktive Kommentare wie z. B. „Das klappt nie!" oder „So ein Unsinn!" behindern den Ideenfluss und stellen damit den Kreativitätsprozess in Frage.

3.3.2 Brainwriting

WORUM GEHT ES?

Beim Brainwriting findet die Kommunikation und gegenseitige Stimulation auf schriftlichem Wege statt. Sie ist somit zeitaufwändiger als das reine Brainstorming. Analog dazu erleichtert diese Methode durch eine rasche Sammlung von „Geistesblitzen" die Ideenfindung auf fast allen Gebieten.

WAS BRINGT ES?

Als Ergebnis wird der Anwender eine umfangreiche Sammlung eines großen Ideenspektrums erhalten. Durch den im Vergleich zum Brainstorming ausführlicheren Ideenaustausch erhält die Gruppe in aller Regel eine umfangreichere Ideensammlung.

WIE GEHE ICH VOR?

1) Zu Beginn wird die Aufgabenstellung definiert und abgegrenzt.
2) Zur Bearbeitung werden geeignete Formulare verteilt.
3) Jeder Teilnehmer trägt zwei bis vier Lösungsvorschläge in das Formular ein.
4) Bearbeitete Formulare werden auf die Mitte des Tisches gelegt.
5) Jeder Teilnehmer nimmt sich ein von einem anderen bearbeitetes Formular, liest sich die notierten Ideen durch und kann nun wiederum eigene weitere Lösungsvorschläge anfügen.
6) Schritt 5 wird wiederholt, bis jeder Teilnehmer alle Formulare gelesen und gegebenenfalls erweitert hat.
7) Die Ideen werden zusammengetragen und auf ihre Verwendbarkeit hin überprüft.

Stärken/Schwächen

☺ Ideen anderer können zu neuen Vorschlägen anregen.

Problem		
Welchen zusätzlichen Service könnten wir als Möbelspedition unseren Kunden anbieten?		
Teilnehmer		
Müller, Maier, Krämer, Walter, Schwarz, Rösch		
Vorschläge		
Reinigen der Möbel (Müller)	*Transportservice für Haustiere (Müller)*	*Bewachung wertvoller Gegenstände (Müller)*
Bei Bedarf neue Möbel anbieten / vermitteln (Maier)	*Pension für Haustiere eröffnen (Maier)*	*Übernacht-(24 h-) Umzugsservice anbieten (Maier)*
Möbelverleih betreiben (Krämer)	*Umzüge typspezifisch anbieten, z.B. für Manager, Familien (Krämer)*	*Sofortservice anbieten (Krämer)*
... *(Walter)*	... *(Walter)*	... *(Walter)*
... *(Schwarz)*	... *(Schwarz)*	... *(Schwarz)*
... *(Rösch)*	... *(Rösch)*	... *(Rösch)*

Bild 27: *Beispiel eines Brainwriting-Formulars*

Beim Brainwriting ist es nicht unbedingt notwendig, dass sich die Teamteilnehmer in einem Raum versammeln müssen. Das Ausfüllen der Formulare kann auch während der Arbeitszeit am eigenen Schreibtisch erfolgen. Zudem haben die Teilnehmer mehr Zeit, über die Ideen ihrer Vorgänger nachzudenken. Nachteil: Ist der zeit-

liche Abstand zwischen der Weitergabe der Formulare zu groß, bricht der Ideenfluss möglicherweise ab.
Durch das schriftliche Diskutieren erhält jeder die gleiche Chance, sich bei der Ideenfindung einzubringen.

3.3.3 Entscheidungsbaum/Problementscheidungsplan

WORUM GEHT ES?

Der Entscheidungsbaum hilft bei der Bestimmung der wahrscheinlichsten Strategie aus einer begrenzten Zahl möglicher Alternativen. Grundlage hierfür bildet die Wahrscheinlichkeitsrechnung. Eine klare und übersichtliche Entscheidungssituation mit eindeutiger Zieldefinition und einer beschränkten Anzahl von Handlungsalternativen ist die Voraussetzung dieses Werkzeugs.

WAS BRINGT ES?

Als Ergebnis erhält der Anwender eine Auflistung der einzelnen Alternativen mit Angaben über ihre relativen Eintrittswahrscheinlichkeiten. Eine Prognose für die Strategie mit dem höchsten Erwartungswert ermöglicht die Auswahl der Erfolg versprechenden Handlungsalternativen.

WIE GEHE ICH VOR?

1) Anzustrebende Ziele, z. B. für eine Problemlösung, werden festgelegt.
2) Die möglichen Strategien zur Lösung werden formuliert.
3) Für jede Strategiealternative werden die Ereignisse definiert, die jeweils auftreten können.

4) Für die einzelnen Ereignisse werden entsprechende Entscheidungskriterien abgeleitet: „Was muss passieren, damit ein bestimmtes Ereignis eintritt?“
5) Für das Eintreten der einzelnen Ereignisse werden Wahrscheinlichkeiten geschätzt.
6) Anschließend erfolgt die Bestimmung der Eintrittswahrscheinlichkeiten für die einzelnen Strategiealternativen.
7) Es wird die Strategie ausgesucht, die das Problem auf Basis der Berechnungen am besten löst.
8) In einem weiteren Schritt können Möglichkeiten analysiert werden, wie die einzelnen Prozessschritte auf ein höheres Wahrscheinlichkeitsniveau gehoben werden können. Durch die Modifikation kann sich eine neue optimale Strategie ergeben.

Stärken/Schwächen

- Der Aufwand für eine Strategieableitung ist gering.
- Man erhält ein qualitativ hochwertiges Ergebnis, vorausgesetzt, die einzelnen Eintrittswahrscheinlichkeiten beruhen auf einer soliden Informationsbasis.

Variation: Problementscheidungsplan

Eine Variation des Entscheidungsbaums ist der Problementscheidungsplan. Dieser wird angefertigt, um möglichen Schwierigkeiten bei der Umsetzung einzelner Teilschritte einer Lösung vorzubeugen. Ähnlich der Fehlermöglichkeits- und -einflussanalyse (siehe hierzu Pocket Power „Qualitätstechniken“) werden schon im Vorfeld alle potenziellen Hindernisse untersucht und geeignete Gegenmaßnahmen festgelegt.

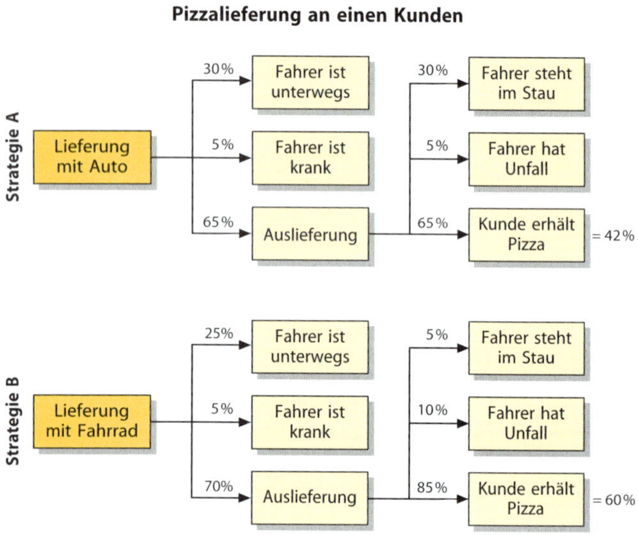

Bild 28: *Beispiel für einen Entscheidungsbaum: Analysiert wird das Problem: „Welche Strategie ist für eine Pizzaauslieferung die geeignetste?" Der Kunde soll mit hoher Wahrscheinlichkeit seine Pizza erhalten. Die Prozentzahlen geben den Erfahrungswert für das jeweilige Eintreten eines Ereignisses an. Aus der Multiplikation der jeweiligen Einzelereignisse ergibt sich die Gesamtwahrscheinlichkeit für die Strategie. In diesem Fall ist Strategie B zu wählen, der Kunde erhält mit 60%iger Wahrscheinlichkeit seine Pizza.*

3.3.4 Morphologischer Kasten

WORUM GEHT ES?

Die Lösung des Problems soll durch eine Zerlegung in Einzelaspekte erreicht werden. Bei dem Morphologischen Kasten wird ein Problem zweidimensional klassifiziert. Dadurch wird es möglich, eine strukturelle und funktionale Durchdringung zu erreichen. Das Werkzeug wird hauptsächlich bei Konstellationsproblemen eingesetzt, kann aber auch ein abgegrenztes Suchproblem unterstützen.

Das Wort „Morphologie“ ist griechischen Ursprungs und bedeutet „Lehre der Gestaltung, Strukturierung, Formung“. Jede nach einem bestimmten Verfahren hergestellte Ordnung wird als Morphologie bezeichnet. Daher spricht man auch von der „Lehre des geordneten Denkens“.

WAS BRINGT ES?

Besonders für Personen, die es gewohnt sind, technisch-analytisch zu denken, ist diese Methode empfehlenswert, da sie an die gewohnte Herangehensweise von Problemen erinnert.

Zu lösende Probleme werden in abgegrenzte Teilaspekte zerlegt und diese Bereiche dann jeweils variiert. Durch beliebige Variation entstehen zahlreiche neue potenzielle Lösungswege, so dass die Wahrscheinlichkeit steigt, möglichst nahe am denkbaren Lösungsoptimum zu liegen. Der vorschnellen Bewertung von Lösungen und dem Verharren auf einer vermeintlich guten Lösung wird entgegengewirkt. Durch die Anwendung des Morphologischen Kastens werden Defizite bisheriger Lösungen rasch erkannt, die man nun beseitigen kann.

Ein weiterer Vorteil des Morphologischen Kastens ist die quasi automatische Protokollierung der Ergebnisse auf dem Formular. Das Werkzeug ist sowohl für die Gruppenanwendung als auch für die Einzelbearbeitung geeignet. Mit der Erstellung eines Morphologischen Kastens sollten Fachleute betraut werden. Der Schwierigkeitsgrad dieses Werkzeugs ist relativ hoch. Wird ein Morphologischer Kasten in einer Gruppe erstellt, werden hohe Anforderungen an den Moderator gestellt.

WIE GEHE ICH VOR?

1) Analyse und Definition des Problems.
2) Bestimmung der Parameter: Merkmale, die bei allen Lösungen z. T. unterschiedlich gestaltet vorkommen, werden zu übergeordneten Parametern zusammengefasst und in die erste Spalte des Formulars eingetragen (Bild 29).
3) Bestimmung der möglichen Ausprägungen der Parameter: Sie werden rechts in die Felder neben den Parametern eingetragen.
4) Bestimmung der Alternativen. Jede mögliche Kombination einzelner Ausprägungen stellt eine Lösung dar, die mit einer Linie verbunden wird. Es ergeben sich in der Regel zahlreiche Lösungen.
5) Alternativenauswahl. Erst jetzt werden die technisch oder wirtschaftlich nicht interessanten Lösungsalternativen ausgeschlossen.

Stellen Sie zuerst eine einfache Liste möglicher Parameter auf, und überarbeiten Sie sie so lange, bis folgende drei Anforderungen erfüllt werden:

- *Logische Unabhängigkeit.* Wenn sich Parameter wechselseitig bedingen, können die Ausprägungen nicht mehr zu alternativen Gesamtlösungen kombiniert werden.
- *Allgemeine Gültigkeit.* Die Parameter sollten auf sämtliche Lösungen zutreffen und nicht nur auf eine Teilmenge.
- *Relevanz.* Unwesentliche Details machen den Morphologischen Kasten unübersichtlich und erschweren die Auswahl der relevanten neuen Kombinationen.

Wie können wir unsere Betriebskantine organisieren?

Parameter	Parameterausprägung			
Öffnungszeiten	7 h bis 16 h	7 h bis 11 h	11 h bis 14 h	14 h bis 17 h
Bedienung	Selbstbedienung	am Tisch	Automat	Bestellservice
Hauptgerichte	normale Mischkost	Vollwertkost	exotisch	vegetarisch
Art der Gerichte	Tellergerichte	Zusammenstellung	abgepackte Fertiggerichte	
Preisniveau	5 DM	8 DM	12 DM	15 DM
Zusatzangebote	Salate und Obst	Snacks	Nachtisch	Gebäck

Bild 29: *Morphologischer Kasten am Beispiel des Problems „Wie können wir unsere Betriebskantine organisieren?“ mit drei möglichen Lösungswegen*

Die Gesamtparameterzahl sollte nicht über 7 liegen.

Achtung! Auch Ausprägungen, die für sich genommen keine optimalen Lösungen darstellen, können durch Kombinationen mit anderen Ausprägungen zu sehr guten Gesamtlösungen führen.

Daher: Vorzeitige Kritik und Bewertung vermeiden.

Durch Zerlegung in Teilmatrizen kann die sich schnell ergebende hohe Komplexität reduziert werden.

Der kritische Schritt ist das vollständige Herauskristallisieren der Parameter. Mit Hilfe einer Reihe von Techniken kann man aber das Problemverständnis erhöhen und so zu der Erfassung der Parameter kommen:

- Betrachtung von existierenden Einzellösungen und anschließende Verallgemeinerung des Parameters.
- Die bekannten W-Fragen: Was? Wann? Wo? Warum? Wer? Wie?

3.3.5 Progressive Abstraktion

WORUM GEHT ES?

Das Werkzeug dient der systematischen Problemerkennung. Eine zentrale Bedeutung hat die Frage: „*Worum geht es tatsächlich?*“ Ausgehend von einem Ursprungsproblem wird durch Anwendung dieser Frage schrittweise ein höheres Abstraktionsniveau eines Problems erreicht. Dabei wird versucht, von möglicherweise oberflächlichen und ungenauen Problemauffassungen zu exakteren, zielbezogenen „Kerndefinitionen“ zu gelangen.

WAS BRINGT ES?

Für die Lösung von Innovationsproblemen ist die gründliche Analyse des Problems Voraussetzung. Andernfalls ist es wahrscheinlich, dass man sich mit nahe liegenden Lösungsansätzen zufrieden gibt, die jedoch nur kurzfristig Wirkung zeigen und wenig innovativ sind. Durch das Arbeiten mit der *Progressiven Abstraktion* kann man häufig feststellen, dass eine Lösung im Nachhinein anders aussieht als ursprünglich angenommen. Durch dieses Werkzeug werden auch die Grenzen der eigenen Fähigkeiten und der Zusammenhang mit anderen Systemen, auf die man selbst keinen Einfluss hat, erkannt. Wirksame Lösungen setzen voraus, dass alle wichtigen Komponenten der problematischen Situation und deren Zusammenhänge erkannt werden.

Das Problem wird zunächst als Symptom bestimmter Ursachen aufgefasst. Diese Ursachen stellen meist Teilprobleme dar, die entsprechend wieder als Symptome dahinter liegender Ursachen verstanden werden können. Die Problemdefinition umfasst dann sowohl die endgültigen Ursachen als auch die Liste der Symptome, zu denen sie geführt haben.

WIE GEHE ICH VOR?

Die Rahmenbedingungen wie Gruppengröße, Einsatz von Moderator und Protokollant entsprechen denen des *Brainstormings* (s. S. 73). Allerdings wird bei dieser Methode die

Brainstorming-Phase mehrmals, dafür aber verkürzt auf unterschiedliche Fragestellungen angewendet.

1) Ausgangsformulierung des Problems.
2) Sammlung möglicher Lösungen. Ausgehend von einer vorläufigen Problemdefinition werden nun in Form eines kurzen *Brainstormings* erste Lösungen gefunden.
3) Kritisieren der gefundenen Lösungen. Was ist unbefriedigend oder besser lösbar? Abweichend von den *Brainstorming*-Regeln setzt nun eine kurze Phase der Kritik an den bisher gefundenen Lösungen ein, um die Teilnehmer für die tiefer liegenden Ursachen zu sensibilisieren.
4) Worauf kommt es eigentlich an? Nun versucht man, eine abstrahierte Problemformulierung zu finden. Das nun formulierte Problem hat einen größeren Einflussbereich als das ursprünglich betrachtete.
5) Sammeln von möglichen Lösungen zur abstrahierten Problemformulierung. Nun werden Lösungen zu ihr gesucht.
6) Kritisieren dieser Lösungen. Auch sie werden wieder kritisiert, um auf ein höheres Abstraktionsniveau zu gelangen.
7) Worauf kommt es eigentlich an? Erneute Abstraktion.
8) Diese Schritte werden so lange durchgeführt, bis eine befriedigende Durchdringung des Problems erreicht ist.
9) Das Ende ist erreicht, wenn die Problemlösungen außerhalb des Einflussbereiches der Problemlösungsgruppe oder des Unternehmens liegen.

Beispiel zur „Progressiven Abstraktion“

Das Unternehmen: Hersteller von Büroartikeln

Ausgangsproblem:

Verbesserung der bisher produzierten Papier-Locher.

Lösungen:

- Elektrischer Antrieb (unbefriedigend: Stromanschluss erforderlich).
- Veränderte Stanzengeometrie (unbefriedigend: es muss gestanzt werden).
- Bessere Werkstoffe (unbefriedigend: zu kostenintensiv).
- usw.

Worauf kommt es eigentlich an?

- Dokumente müssen archiviert werden.

Problemformulierung des 1. Abstraktionsniveaus:

Auf welche Weise kann man Dokumente archivieren?

Lösungen:

- Dokumente stapeln (unordentlich).
- Dokumente im Stehsammler archivieren (Dokumente können knicken).
- Dokumente heften (nicht ohne Schaden lösbar).
- Dokumente binden (aufwendig, Dokumente nicht mehr voneinander lösbar).

Worauf kommt es eigentlich an?

- Dokumente wieder trennbar zusammenheften und ohne Schaden archivieren.

Problemformulierung des 2. Abstraktionsniveaus:

Wie können Dokumente wieder trennbar zusammengeheftet und ohne Schaden archiviert werden?

Lösungen:

- Archivieren der Dokumente in Hängeregister (unübersichtlich).
- Archivieren der Dokumente in Klemmmappen (zu wenige Blätter pro Mappe).

Worauf kommt es eigentlich an?

- Dokumente unversehrt archivieren und schnell auf sie zugreifen können.

Problemformulierung des 3. Abstraktionsniveaus:

Wie kann man schnell auf gut archivierte Dokumente zugreifen?

Lösungen:

- Dokumente einscannen, Abspeichern in einer Datenbank.
- Mikrofiche anfertigen.
- Informationen auf eine CD brennen.

Worauf kommt es eigentlich an?

...

3.4 Prognosetechniken

3.4.1 Delphi

WORUM GEHT ES?

Mit Delphi ist es möglich, zeitliche Prognosen von erwarteten Ereignissen zu erstellen. Dabei wird vorhandenes Expertenwissen in mehreren Stufen abgefragt, ausgewertet und zusammengefasst.

WAS BRINGT ES?

Schätzwerte für den Eintritt von Ereignissen bilden das Resultat.

WIE GEHE ICH VOR?

1) Die für die Befragung ausgewählten Experten werden festgelegt und eingeladen mitzuwirken.
2) Der zeitliche und inhaltliche Rahmen wird in einem Projektplan festgelegt.
3) Die zu bearbeitende Fragestellung wird in die Form eines Fragebogens umgesetzt, den die Experten zu bearbeiten haben. Ggf. kann auch ein Interview erfolgen.
4) Die Fragebögen werden an die Experten versandt. Nach der Rücksendung erfolgt die Auswertung der Fragebögen, und die vorherrschende Meinung wird ermittelt.
5) Die Ergebnisse werden an die Experten versendet, die eine von der vorherrschenden Meinung abweichende Ansicht vertreten. Sollten sie bei ihrer Ansicht bleiben, werden sie gebeten, dies zu begründen.
6) Die dritte Fragerunde erfolgt analog zu Schritt 5. Zusätzlich müssen die Vertreter der vorherrschenden Meinung zu den Begründungen der „Abweichler" Stellung nehmen.
7) Die vierte Fragerunde erfolgt analog zu Schritt 6. Im Normalfall sind die Ergebnisse bereits recht stabil.

Stärken/Schwächen

☺ Bei einer sinnvollen Expertenauswahl ergeben sich qualitativ hochwertige Ergebnisse.

Bei langfristigen Befragungen können externe Störfaktoren das Ergebnis verfälschen.

3.4.2 Regelkarten

WORUM GEHT ES?

Wenn eine Vollprüfung durch statistische Prozessregelung ersetzt werden soll, kommen Regelkarten zum Einsatz. Mit diesen lassen sich Prozesse über ihren zeitlichen Verlauf beobachten und regeln. In eine Regelkarte werden statistische Größen wie z. B. Mittelwerte und Streuungen von Stichproben eingetragen. Man unterscheidet variable (gemessene) und attributive (beurteilte) Werte.

WAS BRINGT ES?

Für die einzelnen Prozesse lassen sich die Mittelwerte und Streuungen grafisch darstellen. Aus dem Verlauf kann bei ersten Anzeichen eines Fehlers in den zu beobachtenden Prozess eingegriffen werden. Dadurch lässt sich z. B. Ausschuss vermeiden.

WIE GEHE ICH VOR?

1) Auf Grund der großen Anzahl von Regelkarten muss zunächst die Auswahl einer geeigneten Regelkarte für den zu beobachtenden Prozess erfolgen.
2) Im zweiten Schritt werden die Randbedingungen festgelegt, z. B. die Stichprobengröße, die Aufnahmehäufigkeit usw.
3) Berechnen statistischer Größen.
4) Berechnen der Mittellinie und Eingriffsgrenzen.

5) Erstellen der endgültigen Regelkarte.
6) Führen der Regelkarten.
7) Interpretieren der Regelkarte.

Stärken/Schwächen

Regelkarten bieten die Möglichkeit, Fehlern präventiv zu begegnen.

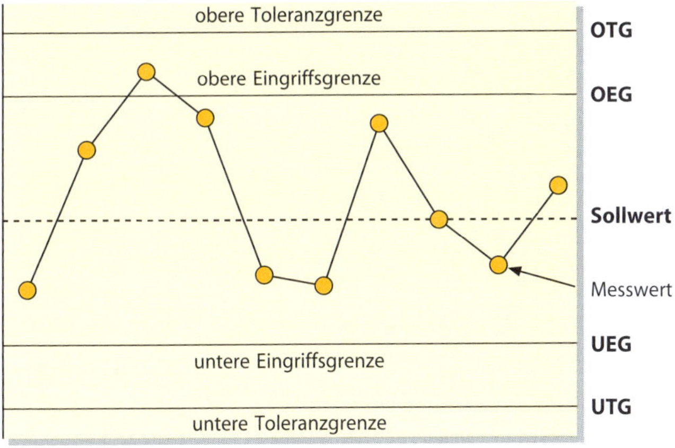

Bild 30: *Schema für eine Regelkarte*

3.4.3 Netzplantechnik

WORUM GEHT ES?

Im Rahmen der Planungs- und Durchführungsphase komplexer Projekte ist eine Abschätzung der voraussichtlichen Dauer bzw. die Überwachung des zeitlichen Verlaufes eines Projektes von Bedeutung.

WAS BRINGT ES?

Ein Netzplan mit den erforderlichen Tätigkeiten und Angaben über Dauer, frühesten bzw. spätesten Anfangs- und Endtermin, mit dem kritischen Pfad und den Pufferzeiten ist das Ergebnis.

WIE GEHE ICH VOR?

1) Die einzelnen Tätigkeiten, z. B. im Rahmen einer Projektumsetzung, werden zunächst identifiziert.
2) Nun folgt die grafische Darstellung der einzelnen Tätigkeiten und ihrer Verknüpfungen in Form eines Netzplans.
3) Die frühestmöglichen Anfangstermine für die einzelnen Tätigkeiten werden errechnet.
4) Weiterhin werden die spätestmöglichen Endtermine für jede Tätigkeit bestimmt.
5) Aus diesen Terminen lässt sich der kritische Pfad des Netzplanes ermitteln. Es wird ersichtlich, wie sich die Tätigkeiten von ihrer geplanten Zeitdauer her gegenseitig beeinflussen.

Stärken/Schwächen

Die Netzplantechnik ermöglicht einen effektiven Einsatz von Ressourcen (Zeit, Maschinenkapazitäten, Personal usw.).

Der Einsatz dieser Methode lohnt nur bei sehr umfangreichen bzw. unübersichtlichen Projekten.

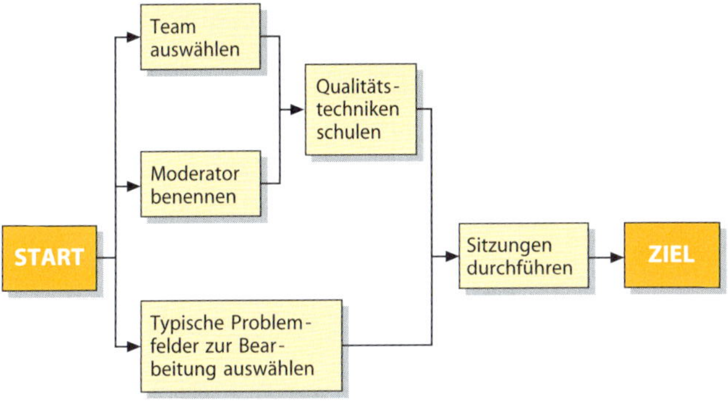

Bild 31: *Beispiel eines einfachen Netzplans*

3.4.4 Szenarioanalyse

WORUM GEHT ES?

Die Szenarioanalyse ist ein Werkzeug zur Zukunftsanalyse. Ein Szenario ist eine vorwärts geschriebene Geschichte, die eine angenommene zukünftige Lage beschreibt. Aus der Vergangenheit und der Gegenwart versucht man, mit systematischen und logischen Schritten mögliche Zukunftsbilder zu entwickeln. In der Zukunft nimmt die Bedeutung der heute wirksamen Faktoren ab. Stattdessen gibt es eine Vielzahl von möglichen neuen relevanten Einflüssen. Damit öffnet sich ein Spektrum möglicher Zukunftsbilder in Form eines Trichters (Bild 32).

WAS BRINGT ES?

Das menschliche Denken hat die Tendenz, sich an der Vergangenheit zu orientieren und die Erfahrungen zu extrapolieren. Für die Entwicklung neuer kreativer Ideen heißt das häufig, dass man Lösungen für die Vergangenheit produziert, um damit in der Zukunft erfolgreich zu sein. Szenarioanalysen öffnen die Augen für die Chancen und die Gefahren der Zukunft und schaffen Spielraum, um adäquat auf Unvorhergesehenes einzugehen.

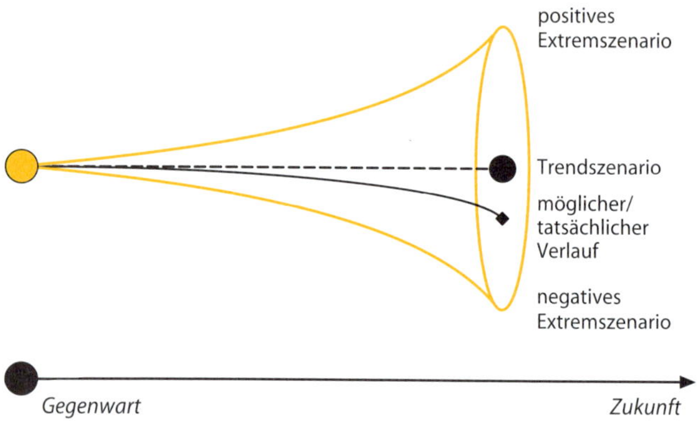

Bild 32: *Der Szenariotrichter*

Quelle: Knieß, M.: Kreatives Arbeiten, München 1995.

WIE GEHE ICH VOR?

1) Eine zeitliche und räumliche Abgrenzung des Szenarios ermöglicht es, den möglichen Ablauf aufs Wesentliche zu beschränken.
2) Annahmen über die möglichen Entwicklungen der Systemumwelt werden z. B. mittels eines *Brainstormings* ermittelt.
3) Eine Aufteilung des Szenarios in Teilbereiche (ökonomisch, technisch etc.) dient der Konkretisierung der Entwicklungswege.

4) In einer grafischen Darstellung wird der Entwicklungsprozess aufgezeigt.
5) Die Teilszenarien werden zeitlich geordnet mit den erwarteten Ereignissen ausgefüllt. Dabei sollten die Teilszenarien untereinander abgestimmt werden.
6) Die Teilszenarien werden zu alternativen Drehbüchern logisch verknüpft.
7) Abschließend werden die Szenarien zu einem Drehbuch zusammengefasst und die jeweiligen Eintrittswahrscheinlichkeiten bestimmt.
8) Erstellen eines Maßnahmenkataloges: Unter Zuhilfenahme der erstellten Szenarien werden nun entsprechend Maßnahmen für das Unternehmen konzipiert.

Stärken/Schwächen

☺ Die Kreativität der Teilnehmer wird stark gefördert.

☹ Ein hoher zeitlicher Aufwand ist notwendig.

3.4.5 Trendextrapolation

WORUM GEHT ES?

Wenn bei einer als konstant anzunehmenden Umgebung eine kontinuierliche Entwicklung zu erwarten ist, kann die Informationsgewinnung über künftige Zustände einer Variablen auf Basis von Vergangenheitswerten erfolgen.

WAS BRINGT ES?

In einer grafischen Darstellung werden die zukünftigen Werte beschrieben. Anhand dieser kann auf zukünftige Entwicklungen geschlossen werden.

WIE GEHE ICH VOR?

1) Zunächst werden statistische Vergangenheitswerte erhoben.
2) Die vorgegebenen Punkte der Zeitreihe werden mit der Methode der kleinsten Quadrate in eine Näherungsfunktion umgewandelt.
3) Die Werte für den zu prognostizierenden Zeitraum lassen sich mit der Näherungsfunktion berechnen. Auf Grund eines dynamischen Umfelds sollte nicht um mehr als 20 bis 30 % extrapoliert werden.

Stärken/Schwächen

Die Trendextrapolation ist sinnvoll und vor allem bei kurzfristigen Prognosen einsetzbar. Ergebnisse lassen sich einfach berechnen.

Nur bei stabilen Prozessen ist der Einsatz dieser Technik zweckmäßig. Bei langfristigen Prognosen werden die erzielbaren Ergebnisse ungenau.

3.5 Bewertungstechniken

3.5.1 Kosten-Nutzen-Analyse

WORUM GEHT ES?

Um eine ökonomische Bewertung von Maßnahmen durchführen zu können, wird bei der Kosten-Nutzen-Analyse der resultierende Nutzen einer Maßnahme unter Berücksichtigung ihrer Kosten berechnet. Nutzen als dimensionslose Einheit und Kosten in Geldeinheiten lassen sich auf diesem Weg miteinander verknüpfen.

WAS BRINGT ES?

Für die einzelnen Maßnahmen erhält man eine Kennzahl; ein Vergleich wird möglich.

WIE GEHE ICH VOR?

1) Die Kosten der Maßnahme werden in Geldeinheiten bestimmt.
2) Der mögliche Nutzen der Maßnahme wird qualitativ ermittelt.
3) Den einzelnen Nutzenniveaus werden die Geldeinheiten zugeordnet, die im Falle einer Realisierung aufgewendet werden müssen. Sollte in einem Nutzen kein direkter Betrag zugeteilt werden, können Schattenpreise zugeordnet werden.
4) Die einzelnen Resultate werden aufsummiert. Das Verhältnis von Nutzenniveau zu Kosten ermöglicht eine Analyse und einen Vergleich der Alternativen, so dass sich eine Rangfolge aufstellen lässt.

Stärken/Schwächen

Ein entstehender Nutzen kann unter Berücksichtigung der erforderlichen Kosten vergleichbar gemacht werden.

Die Analyse geht von der Annahme aus, dass jedem Nutzen ein monetärer Betrag zugeordnet werden kann.

3.5.2 Nutzwertanalyse

WORUM GEHT ES?

In einer Entscheidungssituation liefert die Nutzwertanalyse eine Bewertung der alternativen Maßnahmen.

WAS BRINGT ES?

Die Maßnahmen werden in einer Rangordnung nach ihren Nutzwerten gegliedert.

WIE GEHE ICH VOR?

1) Mit Hilfe eines Zielbaumes werden systematisch die Projektziele aufgestellt.
2) Den Zielkriterien werden entsprechend ihrer Bedeutung relative Gewichte zugeordnet. *Für jede Maßnahme sind die Schritte 3 bis 5 durchzuführen.*
3) Die Zielkriterien werden hinsichtlich ihrer Erfüllung mittels eines Zielertrages bewertet.
4) Aus dem Produkt von Gewichtung und Zielertrag ergibt sich ein Teilnutzwert.

5) Die Summe der Teilnutzwerte bestimmt den Gesamtnutzwert einer Maßnahme.
6) Ein Vergleich der Gesamtnutzwerte der einzelnen Maßnahmen ermöglicht die Aufstellung einer Rangfolge.

Stärken/Schwächen

☺ Monetäre und nichtmonetäre Ziele werden durch Betrachtung der Zielerreichung vergleichbar.

3.5.3 Paarweiser Vergleich

WORUM GEHT ES?

Stehen mehrere Alternativen zur Auswahl, bietet sich ein relativer Vergleich an, um zu einer Entscheidung innerhalb dieser Alternativen zu kommen.

WAS BRINGT ES?

Die Alternativen werden in einer Rangliste dargestellt. Das Ergebnis fördert den Konsens unter den Teammitgliedern, sich aus einem Pool von Alternativen auf die wichtigsten zu verständigen.

WIE GEHE ICH VOR?

1) Eine symmetrische Tabelle mit den einzelnen Zielen/Alternativen auf der X- und der Y-Achse wird aufgestellt (siehe Bild 33).
2) Die Tabelle mit dem jeweiligen Vergleichswert der beiden Alternativen wird vollständig ausgefüllt. Dabei wird die Frage gestellt, welche der beiden Möglichkeiten die gestellte Fragestellung besser erfüllt. Auf einer Skala von

+9 (wesentlich besser) über 0 (Alternativen gleichbedeutend) bis –9 (wesentlich schlechter) kann die Gewichtung durchgeführt werden.

3) Die Zeilensumme als Relevanzziffer für die relative Bedeutung eines Zieles wird gebildet.
4) Die Zeilen werden normiert und die Summen der normierten Spalte berechnet. Um zu gewährleisten, im Weiteren mit positiven Zahlen arbeiten zu können, wird jedem Wert der größtmögliche negative Wert hinzuaddiert. Bei einer maximalen negativen Bewertung von –9 und – in diesem Beispiel – vier Elementen beträgt dieser Wert 9 x (4–1) = 27. Die relative Sendestärke berechnet sich aus dem Verhältnis von normiertem Spaltenwert zu mittlerem Spaltenwert und die relative Empfangsbereitschaft aus dem Verhältnis von normiertem Zeilenwert zu mittlerem Zeilenwert.
5) Die relative Bedeutung wird durch Division des normierten Zeilenwertes durch die Summe der normierten Spalte berechnet.
6) Entsprechend der relativen Bedeutung werden den Alternativen Rangplätze zugeordnet.

Stärken/Schwächen

☺ Die hohe Anzahl von Einzelurteilen führt durch das systematische Vorgehen zu einer hohen Aussagekraft.

☹ Die Skalen haben Grenzen bei den Differenzierungsmöglichkeiten.

Teilziele	A	B	C	D	Zeilen-summe	Zeilen-summe normiert (+27)	Relative Bedeu-tung (in %)	Rang
Liefertreue (A)		7	5	6	18	45	41,7	1
Liefer-flexibilität (B)	-7		2	-3	-8	19	17,6	4
Änderungs-flexibilität (C)	-5	-2		0	-7	20	18,5	3
Service-fähigkeit (D)	-6	3	0		-3	24	22,2	2
Summe						**108**	**100**	

Bild 33: *Beispiel für einen paarweisen Vergleich*

3.5.4 Paretodiagramm

WORUM GEHT ES?

Das Paretodiagramm ordnet verschiedene Merkmale nach ihrer Größe.

WAS BRINGT ES?

Durch die Sortierung können die Fehler lokalisiert werden, die für den größten Teil der Auswirkungen, z. B. der entstehenden Kosten, verantwortlich sind.

WIE GEHE ICH VOR?

1) Bestimmung der Variablen bzw. Ausprägungen
2) Auswahl des Datentyps Kosten oder Häufigkeit
3) Festlegung des Messzeitraumes
4) Erhebung der Daten

5) Berechnung der relativen Häufigkeit
6) Kumulierte Darstellung der Werte, geordnet nach ihrer Größe, Variable bzw. Ausprägung

	Fehlerart	Anzahl n	Fehlergewichtung G	n×G
1	Kratzer	~~IIII~~ II	3	21
2	Korrosion	IIII	1	4
3	Lackfehler	~~IIII~~ ~~IIII~~ II	5	60
4	Risse	III	9	27
5	Sonstiges	~~IIII~~	1	5

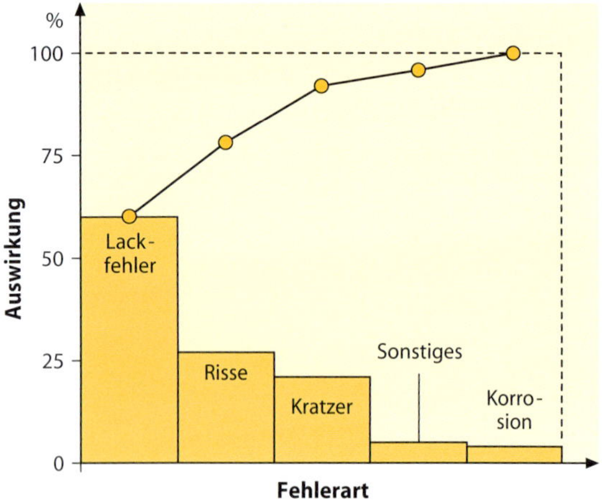

Bild 34: *Beispiel für ein Paretodiagramm, erstellt auf Basis der Daten aus einer Fehlersammelliste*

Stärken/Schwächen

Das Diagramm zeigt die Hauptursachen auf, ausgehend von der Annahme, dass 20 bis 30 % der Ursachen 70 bis 80 % der Probleme verursachen (Paretoprinzip).

3.5.5 Prozessfähigkeitsuntersuchung

WORUM GEHT ES?

Die Prozessfähigkeitsuntersuchung erbringt den Nachweis, dass keine systematischen Fehler auftreten, der Prozess somit beherrscht wird. Dabei wird das Langzeitverhalten eines Prozesses bezüglich seiner Fähigkeit, innerhalb von vorgegebenen Sollwerten zu arbeiten, untersucht. Man unterscheidet c_p = Toleranzbreite/Streubreite von c_{pk}, mit dem die Mittenverschiebung der Normalverteilung berücksichtigt wird.

WAS BRINGT ES?

Der c_p- bzw. der c_{pk}-Wert als Beurteilungswert der Prozessfähigkeit wird berechnet.

WIE GEHE ICH VOR?

1) Zuerst wird das Qualitätsmerkmal festgelegt, das statistisch geregelt werden soll.
2) Aus dem laufenden Prozess werden in der Regel in einem definierten zeitlichen Abstand 25 Stichproben mit fünf Einheiten entnommen.
3) Der Prozessmittelwert und die Streuung werden berechnet.
4) Anschließend werden die Prozessfähigkeitskennzahlen c_p und c_{pk} ermittelt. Die Toleranzbreite des Prozesses ist da-

bei die Differenz zwischen den gegebenen Toleranzgrenzen „Obere Toleranzgrenze“ und „Untere Toleranzgrenze“. Die Streubreite wird durch die sechsfache Standardabweichung wiedergegeben.

Beispiel	Prozessfähigkeitskennzahl	Beurteilung
1. 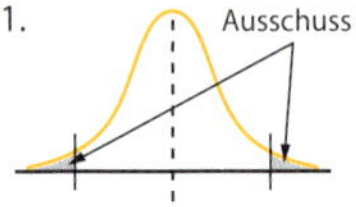	$c_p < 1$	keine Prozessfähigkeit, hoher Ausschussanteil
2. 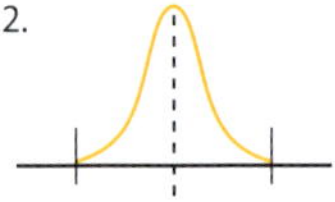	$c_p = 1$	keine Prozessfähigkeit, bei genauer Zentrierung kaum Ausschuss (0,27% = 2700 ppm)
3. 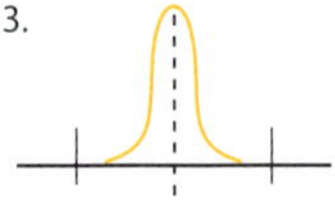	$c_p > 1{,}67$	sehr gute Prozessfähigkeit, statistisch kein Ausschuss vorhanden
4. 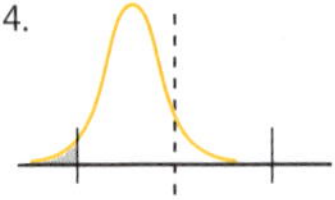	$c_{pk} < 1$	keine Prozessfähigkeit, Prozess ungenügend zentriert, Ausschuss
5. 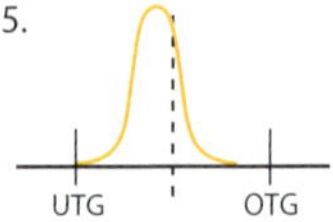	$c_{pk} > 1{,}33$	gute Prozessfähigkeit, Prozess genügend zentriert, geringer Ausschuss
6. siehe 1. – 3.	$c_p = c_{pk}$	Prozess genau auf der Mitte der Toleranzbreite eingestellt

Bild 35: *Darstellung verschiedener Prozessverläufe und deren Prozessfähigkeitskennzahlen*

Man spricht in der Regel von einem fähigen Prozess, wenn $c_p > 1{,}33$ ist. Ist auch der $c_{pk} > 1{,}33$, der Mittelwert der Verteilung also nahe der Toleranzmitte, so ist der Prozess zusätzlich beherrscht. Die Tendenz in der Praxis geht aber dahin, Werte von mindestens 1,67 zu fordern. Dadurch wird angezeigt, dass der Prozess auf längere Sicht die an ihn gestellten Qualitätsanforderungen erfüllen kann. Prozesse mit $c_{pk} < 1{,}33$ oder gar < 1 sollten nicht angefahren werden. Sollte es dennoch getan werden, sind die gefertigten Werkstücke auf gut/schlecht zu sortieren.

Werden die Fähigkeitswerte nicht erreicht, muss der Prozess hinsichtlich der Ursachen untersucht und verbessert werden. Hierzu bieten sich die elementaren Qualitätswerkzeuge Q7 an (siehe auch Pocket Power „Qualitätstechniken“). Die Fähigkeitsuntersuchung ist danach erneut durchzuführen.

3.5.6 Punktbewertungsmethode

WORUM GEHT ES?

Verschiedene Alternativen sollen durch die Teammitglieder gegeneinander abgewogen bzw. gewichtet werden. Bei der Entscheidungsfindung können Gruppenmeinungen und Konflikte bzw. Stimmungen, Schätzungen, Erwartungen und Haltungen sichtbar gemacht werden.

WAS BRINGT ES?

Die mehr oder weniger auseinander gehende Meinung der Gruppe wird sichtbar. Wenn die Vielfalt und Widersprüchlichkeit aller Meinungen nicht ausdiskutiert werden kann oder soll, bietet sich die Punktbewertung an. Es können Schwerpunkte gesetzt oder Entscheidungen getroffen werden.

WIE GEHE ICH VOR?

Beantwortung mit einem Punkt für jeden Teilnehmer: Einpunktfrage.

Die Punktebewertungen können auf verschiedenen Diagrammen abgebildet werden:

- Gleitende Skala
- Gestufte Skala
- Koordinatenfeld
- Polaritäten
- Gewichtung

1) Zunächst wird die zu beantwortende Fragestellung durch den Moderator geklärt.
2) An die Teilnehmer werden Klebepunkte verteilt. Die Teilnehmer stimmen durch Kleben der Punkte an die Stelle im Diagramm bzw. in der Skala ab, die ihrer Wertung entspricht.
3) Das Ergebnis wird durch die Teilnehmer analysiert.

Variation

Mehrpunktfrage: Beantwortung mit mehreren Punkten. Um eine differenziertere Bewertung vornehmen zu können, erhält jeder Teilnehmer zwei, drei, bei relativ vielen Wahlmöglichkeiten auch mehr Punkte. Er kann nun gemäß seiner eigenen Gewichtung die Vorschläge bewerten, wobei er pro Alternative auch mehrere Punkte kleben kann.

Stärken/Schwächen

Jedes Teammitglied hat die gleiche Stimmmacht, „Opinion-Leader" haben nur einen bedingten Einfluss auf das Endergebnis; bei der Mehrpunktabfrage können Gewichtungen berücksichtigt werden.

Die Technik wird gern als Spielerei angesehen. Akzeptanzprobleme lassen sich nach erfolgreicher Durchführung zumeist durch Diskussion des Ergebnisses abbauen.

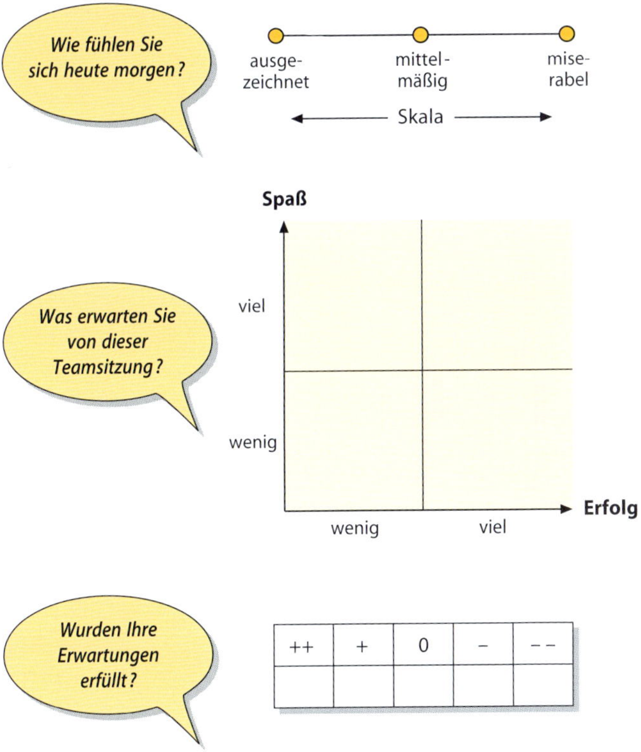

Bild 36: *Beispiele zur Punktbewertungsmethode. Dargestellt sind Einpunktfragen.*

3.5.7 Wertschöpfungsanalyse

WORUM GEHT ES?

Um die Leistungsfähigkeit aller unternehmerischen Prozesse ständig zu verbessern, können mit Hilfe der Wertschöpfungsanalyse werterhöhende von wertneutralen und wertmindernden Tätigkeiten (Leistungsarten) unterschieden werden. Ausgehend vom gesamten Ressourcenverzehr (Aufwand) eines Unternehmens zeigt Bild 37 deren prozentuale Anteile, wie sie sich in Unternehmen einstellen können.

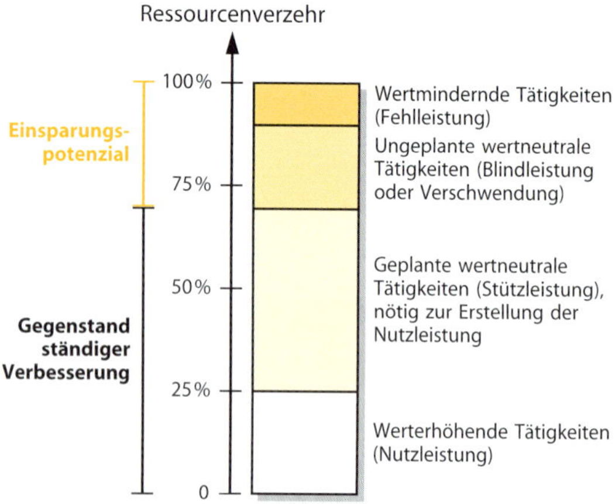

Bild 37: *Prinzipielle Anteile werterhöhender, wertneutraler und wertmindernder Tätigkeiten*

WAS BRINGT ES?

Durch Identifizierung und Quantifizierung der verschiedenen Leistungsarten bekommt man eine fundierte Ausgangsbasis zum Einleiten und Umsetzen konkreter Verbesserungsmaßnahmen. Verbesserungen erfolgen nicht nur aus dem „Gefühl" heraus, sondern können gezielt angegangen werden.

WIE GEHE ICH VOR?

Zur Bestimmung der Leistungsfähigkeit eines Prozesses wird dieser zunächst, z. B. durch ein Flussdiagramm, in seine Tätigkeiten (Istzustand) zerlegt. Anschließend werden sämtliche Tätigkeiten in vier Leistungsarten eingeteilt: Nutz-, Stütz-, Blind- und Fehlleistungen (Bild 38):

- *Nutzleistungen* beinhalten alle geplanten wertschöpfenden Tätigkeiten.
- Als *Stützleistung* werden sämtliche Tätigkeiten bezeichnet, die für die Erbringung der Nutzleistung notwendig sind.
- Die Unvollkommenheit der geplanten Wertschöpfungskette führt zu ungeplanten Tätigkeiten, die als *Blindleistung* bezeichnet werden.
- *Fehlleistungen* entstehen ungeplant auf Grund nicht fähiger Prozesse/Tätigkeiten.

Ausgehend von der Bestimmung und Einteilung der Tätigkeiten in die vier Leistungsarten lassen sich Prozessabschnitte identifizieren, die nicht kundenorientiert sind und deshalb entfallen können. Nach verschiedenen Studien beträgt der wertschöpfende Anteil, d. h. die Nutzleistung im Unternehmen, vielfach weniger als 25 % der Gesamtleistung.

Prozessleistungsarten
(K = Kosten; W = Wert)

Nutzleistung geplant	Stützleistung geplant	Blindleistung ungeplant	Fehlleistung ungeplant
K ↑ W ↑	K ↑ W →	K ↑ W →	K ↑ W ↓
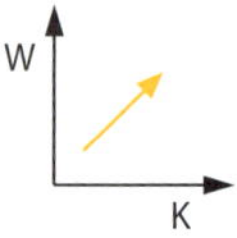	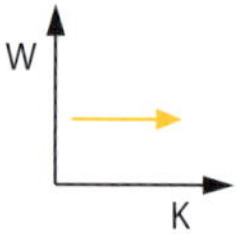	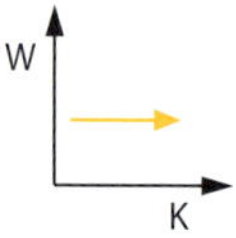	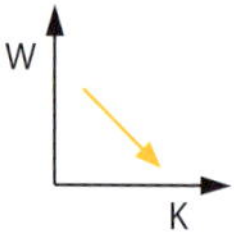
• Entwicklung • Bearbeitung • Montage • Kundendienst • ...	• Transport • Prüfung • Werkzeugwechsel • Maschinenbestückung • Verwaltung • Einkauf • ...	• Zwischenlager • Sicherheitspuffer • Konstruktionsänderungen nach Freigabe • Transport zu und von Puffern • ...	• Ausschuss • Nacharbeit • Fehlerfolgen • Störungen • Sortierprüfung • ...

Bild 38: *Die vier Leistungsarten: Nutz-, Stütz-, Blind- und Fehlleistungen*

Bilden Sie für die Analyse jedes Prozesses ein Team aus den zugehörigen Mitarbeitern und erläutern Sie ihnen die vier Leistungsarten. Anschließend ordnen die Teammitglieder ihre Tätigkeiten den Leistungsarten zu. Dadurch können Verbesserungsmöglichkeiten aufgedeckt und innerhalb der ständigen Verbesserung genutzt werden.

Checkliste und Literatur

Die nachfolgende Checkliste stellt die wichtigsten Punkte, die ein Moderator vor, während und nach der Moderation beachten sollte, zusammen.

Daran anschließend ist die zu diesem Thema relevante Literatur zusammengestellt.

Checkliste für Moderatoren:

- Ist das zu lösende Problem bzw. die Aufgabe klar?
- Lässt sich das Problem überhaupt durch eine moderierte Teamsitzung lösen?
- Ist das zu erreichende Ziel transparent?
- Sind alle notwendigen Teilnehmer rechtzeitig eingeladen worden?
- Ist bekannt, wer nicht teilnehmen kann bzw. wer kommen wird?
- Ist der Ort/Raum bekannt und für die zu lösende Aufgabe geeignet?
- Ist der Raum mit entsprechend notwendigen Materialien (Moderationsmaterial) in ausreichender Menge ausgestattet?
- Ist der anvisierte Zeitrahmen für die Teamarbeit realistisch?
- Ist die Dramaturgie der Teamarbeit gut durchdacht?
- Ist der Lösungsweg mit entsprechenden Moderationstechniken hinterlegt, damit die Gruppe schrittweise und strukturiert Fortschritte erzielen kann?
- Ist der Moderator geübt im Moderieren und in der Anwendung der Moderationstechniken?
- Steht der Moderator der zu lösenden Aufgabe neutral gegenüber?

- Steht fest, wie und durch wen das Ergebnis dokumentiert wird?
- Ist sicher gestellt, dass die erarbeiteten Ergebnisse nach der Teamsitzung weiterverarbeitet (z. B. umgesetzt) werden?

Literatur

Alle Pocket-Power-Bände, siehe hintere innere Umschlagseite.

Brassard, M., Ritter, D.: The Memory Jogger. A Pocket Guide of Tools for Continuous Improvement, Methuen, Mass. 2000.

Donnert, R.: Am Anfang war die Tafel ...: Praktischer Leitfaden für Moderation, Seminar, Vortrag, Lehrgespräch und Unterweisung, München 1990.

Hartmann, M., Rieger, M., Luoma, M.: Zielgerichtet moderieren, München 2001.

Klebert, K., Schrader, E., Straub, W.: Moderationsmethode, Grünwald 1980.

Kölle, H. H., Zangemeister, C.: Systemtechnik, Berlin 1985.

Linneweh, K.: Kreatives Denken, Rheinzabern 1984.

Lipp, U., Will, H.: Das große Workshop-Buch, München 2000.

Reschke, D. F., Michel, R. M.: Effizienz-Steigerung durch Moderation, Heidelberg 2000.

Schaude, G.: Kreativitäts-, Problemlösungs- und Präsentationstechniken, 2. Auflage, Eschborn 1992.

Schnelle, E. (Hrsg.): Neue Wege der Kommunikation: Spielregeln, Arbeitstechniken und Anwendungsfälle der Metaplan-Methode, Königstein/Ts. 1978.

Schnelle-Cöln, T., Schnelle, E.: Visualisieren in der Moderation, Hamburg 1998.

Schnelle-Cöln, T.: Visualisierung, die optische Sprache in der Moderation, Metaplan-Reihe Heft 6, Quickborn 1983.

Seifert, J.W.: Moderation & Kommunikation, Offenbach 2000.

Seifert, J. W.: Visualisieren – Präsentieren – Moderieren, 4. Auflage, Offenbach 2000.

Sperling, J.B., Wasserfeld, J.: Führungsaufgabe Moderation, 4. Auflage, Stuttgart 2000.

Tomys, A.-K.: Kostenorientiertes Qualitätsmanagement, München 1995.

Ueberschaer, N.: Mit Teamarbeit zum Erfolg, München 2000.
Weidenmann, B.: Hundert Tips und Tricks für Pinnwand und Flipchart, München 2000.